No 6. 0 fr. 50

[BIBLI]OTHÈQUE SOCIALISTE

[LE]S CONGRÈS
OUVRIERS ET SOCIALISTES
FRANÇAIS

PAR

LÉON BLUM

I

1876-1885

PARIS
SOCIÉTÉ NOUVELLE DE LIBRAIRIE ET D'ÉDITION
(LIBRAIRIE GEORGES BELLAIS)
RUE CUJAS, 17

1901

BIBLIOTHÈQUE SOCIALISTE

Nº 1. Maurice Lauzel. *Manuel du coopérateur socialiste.*

Nºs 2, 3, 4. Émile Vandervelde. *Le collectivisme et l'évolution industrielle.*

Nº 5. Hubert Bourgin. *Proudhon*, avec portrait.

Nº 6. Léon Blum. *Les Congrès ouvriers et socialistes français*, — I, 1876-1885.

La **Bibliothèque socialiste**, dont la *Société Nouvelle de librairie et d'édition* entreprend la publication, comprend des œuvres de propagande et de doctrine, des études historiques et biographiques, des réimpressions et des traductions d'ouvrages socialistes importants, etc.

La **Bibliothèque socialiste** forme une série de volumes in-16 d'un format commode et d'une impression soignée.

La **Bibliothèque socialiste** *paraît par numéros de cent pages*, les œuvres étendues comprenant, s'il y a lieu, deux ou trois numéros (200 ou 300 pages).

Prix du numéro 0 fr. 50. Franco à domicile 0 fr. 60. Le numéro double 1 fr. ; franco 1 fr. 20. Le numéro triple 1 fr. 50 ; franco 1 fr. 80.

Il paraîtra au cours de l'année 1900-1901 (de novembre 1900 à juillet 1901) **douze numéros.**

Prix de souscription à la série de douze numéros : **Six francs franco à domicile** (payables 4 fr. à la souscription, 2 fr. en avril 1901).

PARAITRONT MENSUELLEMENT :

Nº 7. — Léon Blum. *Les Congrès ouvriers et socialistes français.* — II, 1886-1900.

Nº 8. — Lucien Herr. *La révolution sociale.*

Nºs 9 et 10. — *Le manifeste communiste*, traduction nouvelle, préface et notes, par Charles Andler.

Etc., etc.

LES

CONGRÈS OUVRIERS ET SOCIALISTES

FRANÇAIS

BIBLIOTHÈQUE SOCIALISTE. N° 6.

LES CONGRÈS

OUVRIERS ET SOCIALISTES FRANÇAIS

PAR

LÉON BLUM

I

1876-1885

PARIS
SOCIÉTÉ NOUVELLE DE LIBRAIRIE ET D'ÉDITION
(LIBRAIRIE GEORGES BELLAIS)
RUE CUJAS, 17

1901

LES CONGRÈS

OUVRIERS ET SOCIALISTES FRANÇAIS

Les Congrès ouvriers ont leur origine dans les Expositions universelles. La publicité internationale assurée par les gouvernements aux progrès du commerce et de l'industrie devait naturellement inspirer aux ouvriers l'idée de se réunir à leur tour, de chercher en commun les causes de leurs souffrances, de préciser leurs revendications. D'autre part, c'est parmi les membres des délégations ouvrières aux Expositions que se rencontrèrent les premiers organisateurs des Congrès.

Des délégués ouvriers avaient été envoyés déjà, soit par les chambres de commerce, soit au moyen de souscription publique, aux Expositions de Paris (1849) et de Londres (1851). L'envoi d'une délégation française à la seconde Exposition de Londres (1862) avait même été l'une des causes de la fondation, le 28 septembre 1864, de l'Association internationale des travailleurs. A l'occasion de l'Exposition de Paris, en 1867, quelques groupements parisiens formèrent déjà le projet de réunir un Congrès ouvrier.

Mais le gouvernement impérial n'entendait favoriser le mouvement ouvrier qu'autant qu'il pourrait l'accaparer à son profit. Il comblait de promesses les organisations ouvrières qui voudraient bien se soumettre à ses commissions officielles. Mais il s'opposa à « cette réunion pacifique » qui prétendait se passer de lui.

Les événements de 1870-1871 arrêtèrent ce mouvement d'émancipation ouvrière. Pourtant, dès 1873, les groupements syndicaux se réorganisaient, et faisaient notamment sentir leur influence dans les élections aux conseils de prudhommes. Cette même année, malgré l'Assemblée nationale qui refusa de voter le crédit nécessaire, une délégation d'ouvriers parisiens partait pour l'Exposition de Vienne, grâce à des subsides réunis par souscription publique, et dans ses rapports on trouve de nouveau l'idée d'un Congrès ouvrier. Enfin, après le départ de la délégation envoyée à Philadelphie (1876), on comprit « qu'il n'était plus possible de laisser tomber le mouvement salutaire qui s'était produit, non-seulement à Paris, mais dans de nombreuses villes de province », et les syndicaux parisiens se résolurent à organiser un Congrès. Sans cesse d'ailleurs les journaux apportaient les comptes-rendus d'assemblées analogues en Suisse, en Allemagne, en Angleterre, en Belgique. Enfin, l'on prit texte de la réunion d'un Congrès ouvrier en Italie, à Bologne ; un Comité d'initiative se constitua, et les premières circulaires furent lancées (19 juillet 1876).

PREMIER CONGRÈS OUVRIER

(Paris, 1876)

Organisation. — Le Comité d'initiative, composé de dix ouvriers, provoqua tout d'abord des réunions préparatoires, où il appela tous les hommes « dont le nom avait été mêlé au mouvement ouvrier : délégués aux Expositions universelles ; syndics de corporations ouvrières ; prudhommes, etc. » Une commission fut chargée de rédiger le programme. Il fut entendu que le Congrès se constituerait en réunion privée, ce qui permettait de se passer de l'autorisation préfectorale ; — (la liberté de réunion n'existait pas.)

Le plus grand souci des organisateurs fut que le Congrès gardât un caractère exclusivement ouvrier. Ils se méfiaient des politiciens. — « On devait, à tout prix, éviter que des politiciens, des hommes théoriques, ne vinssent égarer les esprits, les diriger, et se servir du Congrès comme d'un tréteau pour les opérations électorales et politiques. » — C'était là l'ancien esprit syndicaliste, et sa méfiance de l'action politique. Toutes les précautions furent donc prises pour que la représentation au Congrès fût purement ouvrière. On y convoqua tous les groupes de travailleurs organisés : chambres syndicales, coopératives, associations ouvrières de tout ordre. Chacune d'elles pouvait envoyer trois délégués titulaires qui avaient seuls droit de vote. On décida que nul ne pourrait prendre la parole « s'il n'est ouvrier, et s'il n'est recommandé par sa chambre syndicale, ou une autre société ouvrière, et, à défaut, par un groupe de travailleurs ». — (En fait, cependant, deux publicistes assez connus à cette époque, MM. Barberet et Desmoulins, tous deux porteurs de mandats réguliers, purent assister au Congrès comme délégués, et, malgré des scènes tumultueuses, le Congrès accorda même la parole à l'un d'eux.)

Il est essentiel de remarquer que, dès le début, la périodicité des Congrès était prévue. Le Congrès devait, avant de se séparer, désigner la ville où il entendait siéger l'année suivante. Il ne s'agissait donc pas d'une assemblée brève et fortuite. C'était bien une institution régulière et durable que l'on voulait fonder.

Les appels de la Commission d'initiative frappèrent vivement l'opinion. Les compagnies de chemin de fer ayant refusé de concéder aux délégués des réductions comme « elles l'avaient toujours fait pour les congrès catholiques, scientifiques,... pour les pèlerinages et les concours... », on ouvrit une souscription publique qui fut couverte avec une extrême rapidité. Le Congrès put dès lors s'ouvrir. Il tint sa première séance le 2 octobre, et poursuivit ses travaux au milieu de l'attention générale. — « Il n'y avait pas d'exemple dans l'histoire de la France que la classe qui supporte toutes les charges publiques et économiques se fût réunie seule, pacifiquement, pour discuter ses intérêts, et rechercher les moyens de se dérober à la pression de l'organisation économique. »

Le Congrès se réunit, salle d'Arras, du 2 au 10 octobre. Il se divisa dès le début en huit sections, qui se réunissaient chacune séparément dans l'après-midi, tandis que la soirée était consacrée aux réunions générales. Cette méthode était extrêmement défectueuse, en ce sens que les délégués apportaient le soir des discours inspirés par les réunions de l'après-midi, et se succédaient à la tribune sans se répondre. Il s'ensuit que le Congrès n'étudia à fond aucune des questions portées au programme. On y entendit des discours, des rapports, mais non des discussions. Les orateurs ne se contredisaient pas ; ils ne se répondaient même pas les uns aux autres ; ils lisaient, dans un ordre fixé d'avance, des discours préalablement écrits.

Le Congrès nomma, pour chacune des questions traitées, une commission de neuf membres chargée de résumer ses débats, ou plutôt ses études, et de rédiger des résolutions qui furent ensuite votées par l'assemblée.

Les séances furent généralement très calmes. Outre l'incident Desmoulins, l'assemblée se divisa pourtant avec quelque agitation sur le cas d'un délégué, le citoyen Feltesse, à qui finalement la parole fut refusée par le motif qu'il n'était pas Français.

Avant de se séparer, le Congrès décida que la session suivante se tiendrait à Lyon, au mois d'octobre 1877.

Il avait nommé une commission spéciale chargée de poursuivre, dans l'intervalle des deux sessions, l'exécution des résolutions votées.

Programme. — Le programme des travaux du Congrès, fixé par le Comité d'initiative, était le suivant :

1° Le travail des femmes ;

2° Les chambres syndicales ;

3° Les conseils de prudhommes ;

4° L'apprentissage et l'enseignement professionnel ;

5° La représentation directe du prolétariat au Parlement ;

6° Les associations coopératives de production, de consommation et de crédit ;

7° Les caisses de retraite, d'assurance et des invalides du travail ;

8° L'association agricole et l'utilité des rapports entre les travailleurs agricoles et les travailleurs industriels.

Pour représenter exactement l'état d'esprit des organisateurs du Congrès, il suffirait de dire qu'à leurs yeux ce programme « était aussi complet que possible », et touchait tous les côtés essentiels de la question sociale : « Avec le travail des femmes, disait le secrétaire du Comité, le programme veut empêcher le capitaliste d'opposer le travail de la femme à celui de l'homme pour le rendre moins rémunérateur ; avec les chambres syndicales, il touche à l'organisation du travail en vue de défendre ses intérêts ; les conseils de prud'hommes, c'est la terminaison légale de tous les conflits ; l'apprentissage et l'enseignement professionnel, c'est la possibilité pour l'ouvrier de connaître à fond son industrie et de produire beaucoup et mieux pour la même somme de travail ; la représentation directe du prolétariat au parlement fournit aux travailleurs le moyen d'avoir dans les Chambres des hommes à eux qui défendent leurs intérêts et connaissent leurs besoins ; les associations coopératives, c'est le moyen de neutraliser par l'initiative individuelle tous les mauvais effets de l'organisation actuelle du commerce, de l'industrie et du crédit... » Et, parcourant ainsi l'ordre du jour, le secrétaire concluait : « Vous le voyez, citoyens, si tous ces points du programme avaient une solution, la solution de la question sociale serait assurée. »

Travaux et résolutions du Congrès. — Les questions ainsi portées au programme étaient trop nombreuses et, en fait, trop peu coordonnées pour que le Congrès pût les réunir dans une doctrine d'ensemble. La conséquence est qu'on remarque dans les travaux du Congrès une extrême confusion.

1° Les résolutions portent sur un certain nombre de mesures politiques générales, appartenant au vieux programme démocratique, et dont quelques-unes ont été résolues depuis lors par le gouvernement républicain : libertés de réunion et d'association, gratuité et laïcité de l'éducation primaire ; scrutin de liste ; élection des maires ; abrogation de la loi Falloux ; impôt sur le revenu, etc., etc.

2° Un grand nombre de vœux se rapportent à la législation ouvrière proprement dite. Il est intéressant de marquer dans quelle mesure le premier Congrès ouvrier tenu en France croyait devoir ou non faire appel à l'intervention de l'État ; le Congrès demandait :

La règlementation du travail des femmes et des enfants dans les manufactures par voie législative ;

La suppression du travail de nuit pour les femmes et les enfants ;

La suppression du travail des femmes dans les prisons et les couvents ;

L'organisation de caisses de retraites, *sans prélèvement sur le salaire et sans ingérence de l'État ;*

La réorganisation des conseils de prud-hommes.

Il demandait une loi sur les syndicats qui — à la différence du projet Lockroy et de la loi Waldeck-Rousseau — les affranchît de toute surveillance policière et leur assurât, dans leur intégralité, les avantages de la personnalité civile.

Quelques délégués demandèrent la fixation d'un salaire normal (pour les travaux similaires exécutés par hommes et femmes) et la limitation légale de la journée de travail pour les adultes. Mais ces propositions isolées ne passèrent point dans les résolutions du Congrès.

3° Nous touchons ici aux résolutions essentielles et vraiment caractéristiques du Congrès. Comme nous l'avons vu, les questions portées au programme du Congrès n'étaient, pour les organisateurs, que les différents aspects d'une question *générale* : l'émancipation économique des travailleurs. Le Congrès résolut « que le principe vital qui devait régénérer les travailleurs *était* sorti des nuages de l'utopie : c'était l'association ». Il affirma que « la question de l'affranchissement du travailleur trouverait sa solution dans le principe de l'association coopérative ».

C'est sur l'association qu'il comptait pour organiser l'enseignement professionnel, pour obvier au chômage, pour assurer le *fonctionnement* des caisses de retraites, pour supprimer la misère, et, dans le lent progrès des choses, pour constituer un état social *fondé* sur l'équité et la solidarité. La plupart des délégués considéraient l'association « *comme* l'unique remède aux abus de toutes sortes, comme le seul moyen pratique de satisfaire les besoins matériels, intellectuels et moraux, enfin comme une panacée universelle ».

En dépit des démonstrations d'un délégué, le *citoyen* Finance, qui, par l'exemple des associations françaises, allemandes, anglaises, montra que l'organisation immédiate d'associations de production était vouée à un échec certain, la coopération était conçue simultanément sous ses trois formes : production, consommation et crédit.

Tendances générales du Congrès. — On s'étonnera que le Congrès ait pu attendre ainsi du seul principe de l'association ouvrière « l'affranchissement du travail ». C'est qu'il ne s'agissait nullement, dans la pensée des délégués, de constituer une société sur des bases entièrement nouvelles. Ils voulaient seulement modifier, dans un sens plus équitable, l'état général de la société bourgeoise, « équilibrer dans la production et dans la consommation les rapports entre le capital et le travail ».

Ils se défendaient de toute idée révolutionnaire; ils condamnaient comme des guerres civiles entre les travailleurs « ces grèves qui frappent le fort en détruisant le faible ». Ils se gardaient bien de toucher à la question de la propriété. Les théories socialistes proprement dites étaient à leurs yeux, non seulement des utopies, mais « des utopies bourgeoises ».

Ils n'entendaient ni supprimer, ni socialiser le capital. Ils cherchaient seulement à assurer aux ouvriers organisés la part de capital strictement nécessaire pour acquérir des moyens de production.

On comprend aisément, dès lors, que ce Congrès de 1876, venant après l'Internationale et la Commune, ait provoqué, de la part des révolutionnaires réfugiés à Londres, des sarcasmes amers. On comprend que les exilés aient reproché aux syndicaux du Congrès « de faire amende honorable à la bourgeoisie, d'abjurer la Révolution, de renier la Commune ». On comprend, en revanche, les compliments de la presse modérée félicitant le Congrès de sa sagesse et de sa modération.

Mais c'est qu'en effet la répression de la Commune avait éloigné de France les principaux chefs révolutionnaires. La loi de 1872 (loi Dufaure) avait appuyé de peines sévères la dissolution de l'Internationale. Et d'ailleurs le développement du socialisme en France a toujours été arrêté ou accéléré par les progrès ou les reculs de l'idée républicaine. Or, en 1876, la République n'était encore pour la France qu'une institution toute nominale, à chaque instant menacée par la réaction.

Néanmoins, la lecture des procès-verbaux du Congrès de 1876 permet de faire deux remarques importantes et qui rendront plus aisément intelligible l'histoire des Congrès ouvriers.

1° Les congressistes de 1876 prétendaient apporter dans l'étude des questions sociales un esprit tout pratique et positif. Mais l'examen même des faits les amenait à énoncer des formules qui dépassaient singulièrement leurs conclusions.

Dans les résolutions du Congrès, on trouve en effet :

« La condamnation de l'intérêt du capital qui permet à une partie de la société de vivre et de jouir du travail et des efforts de l'autre... »

On y lit :

« Que, dans le commerce actuel, le bénéfice et le profit sont usurpations » ;

« Que le travailleur doit posséder son outil, s'il veut recueillir intégralement le produit de son travail. »

Il eût suffi d'isoler et d'étudier un peu sérieusement ces quelques idées pour arriver à des théories bien voisines de ces « utopies » que les congressistes condamnaient si sévèrement.

2° De même les congressistes de 1876 pensaient et affirmaient à toute occasion que l'affranchissement du travail ne pouvait être obtenu que par une action de classe.

« Du moment que la forme républicaine était acquise, disent les rédacteurs du compte-rendu, il était indispensable à la classe ouvrière, qui, jusque-là, avait marché de concert avec la bourgeoisie républicaine, de s'affirmer dans ses intérêts propres... La question sociale, telle qu'elle se pose aujourd'hui, provient des lois funestes que les bourgeois de la Constituante ont faites... »

Fréquemment on retrouve l'affirmation que, les intérêts du capital et du travail étant inconciliables, les travailleurs ne peuvent attendre leur émancipation de l'Etat bourgeois, et qu'ils ne pourront s'affranchir que par leur action de classe organisée.

La bourgeoisie étant devenue « une classe à part », avec des intérêts distincts qui ne sont pas du tout ceux du travailleur », il leur semblait chimérique d'attendre d'un parti bourgeois quelconque des réformes sérieuses. Les politiciens radicaux eux-mêmes ne s'étaient-ils pas montrés incapables de rédiger des projets de loi conformes aux véritables intérêts ouvriers ? Aussi n'y eut-il pas de question plus largement traitée par le Congrès que « la représentation directe du prolétariat au Parlement » et la nécessité des candidatures ouvrières.

Il est manifeste par tous ces faits, bien que peu cohérents, par ces formules encore vagues, que les congressistes de 1876 concevaient vraiment le parti ouvrier comme un parti de classe, son action comme une action de classe.

Si ces quelques points n'étaient pas mis en lumière, l'histoire des Congrès qui ont suivi celui de Paris deviendrait inintelligible.

DEUXIÈME CONGRÈS OUVRIER

(Lyon, 1878)

Organisation. — Le premier effet du Congrès de Paris avait été de multiplier les organisations ouvrières de toute sorte. Ce résultat ne pouvait qu'encourager ses promoteurs dans la tâche qu'ils s'étaient tracée. Les ouvriers syndiqués de Lyon, chargés de préparer la seconde session du Congrès ouvrier, se mirent donc aussitôt à l'œuvre. Une assemblée générale des travailleurs de Lyon, convoquée à cet effet, décida la formation d'une commission provisoire où toutes les corporations seraient représentées. Le programme était déjà rédigé, les premières circulaires publiées, quand éclata la crise politique du 16 mai 1877.

L'organisation du Congrès cessa d'être le souci le plus pressant des ouvriers, préoccupés avant tout d'assurer le salut de la constitution républicaine. D'ailleurs, « pendant cette sombre période où les travailleurs virent se briser les groupes à peine formés par eux, un profond découragement se manifesta dans la classe ouvrière ; on abandonnait même l'idée de la possibilité du Congrès, et la commission, dont les réunions étaient devenues dangereuses, vit ce découragement gagner une partie de ses membres ». Mais ce découragement dura peu.

Malgré les vexations policières contre les syndicats mis en interdit, malgré les nombreuses poursuites pour délit d'association intentées par la magistrature de l'Ordre Moral, en dépit d'une active campagne patronale tendant à enlever leurs membres aux syndicats par la fondation de sociétés de toute espèce, — presque toutes les organisations acceptèrent la proposition faite par la commission lyonnaise d'ouvrir le Congrès, quoi qu'il advint, le 9 décembre 1877.

Sur ces entrefaites, les élections générales du 14 octobre 1877 avaient assuré la victoire de la République. Mais le maréchal de Mac-Mahon, président de la République, résistait au verdict populaire et formait (le 23 novembre) un ministère de coup d'Etat. La commission lyonnaise, attendant les événements, reportait aussitôt l'ouverture du Congrès au mois de janvier 1878. Dans l'intervalle, devant le refus de la Chambre de voter le budget, le Maréchal-Président avait cédé, un ministère parlementaire s'était enfin constitué. Si le précédent Congrès s'était tenu sous une République débile et menacée, celui-ci pouvait s'appuyer sur une République consolidée et victorieuse.

Il faut retenir aussi que, peu de jours avant l'ouverture de l'assemblée ouvrière, le 18 novembre 1877, avait paru le premier numéro d'un journal, l'*Égalité*, fondé pour soutenir le programme collectiviste et pour répandre la doctrine de Marx. Ce journal, dont le rédacteur en chef était Jules Guesde, et les principaux collaborateurs Gabriel Deville, Émile Massard, Oudin, Gerbier, avait, dès ses premiers numéros, blâmé d'une part la tendance du Congrès de Paris à envisager isolément les souffrances du prolétariat « abstraction faite d'un ordre de choses général dont elles sont la résultante forcée » ; raillé d'autre part la foi des syndicaux dans la coopération « qui est bien la voie la plus longue que puisse prendre le prolétariat », et leur répugnance à l'action révolutionnaire. L'effet de cette propagande devait se faire sentir à Lyon.

Le Congrès s'ouvrit, sans nouvelles difficultés administratives, le 28 janvier 1878, au théâtre des Variétés.

Il était composé suivant les mêmes règles que le Congrès de Paris. Toutefois, les associations ouvrières et les syndicats avaient été autorisés à envoyer autant de délégués qu'elles le jugeaient nécessaire. On avait admis, outre les travailleurs industriels, les travailleurs agricoles, les employés de commerce, et — fait à noter — « des délégués instituteurs et institutrices. »

Le système de la division en sections fut maintenu. On revit ce défilé à la tribune, de rapporteurs plutôt que d'orateurs. Puis on nomma des commissions. Et les résolutions proposées par elles furent finalement votées sans débat.

Les séances furent généralement tranquilles, hors quelques incidents que nous rapporterons. Des protestations suivirent le rapport de la commission des résolutions de Paris. Celle-ci s'était bornée à faire visite aux députés radicaux, puis avait provoqué une réunion extra-parlementaire « présidée par le citoyen Menier, député de Seine-et-Marne », — « où les députés seuls avaient parlé, refusant de laisser les délégués s'expliquer ». — Au début de la seconde séance on apprit avec indignation qu'un ouvrier lyonnais qui prenait part aux travaux du Congrès, venait d'être, pour ce fait, renvoyé par son patron. Le même jour, un délégué d'Algérie ayant terminé son rapport par cette apostrophe inattendue : *Gloire à Jules Simon*, fut interrompu par des applaudissements et par des protestations violentes. « Il y a quelque chose au-dessus du talent, répondit éloquemment le délégué Chabert, c'est l'honnêteté. Nous ne pouvons considérer Jules Simon en aucune façon comme étant un républicain honnête. » — « Je ne comprends pas, ajouta au milieu du tumulte le délégué Calvinhac, que, dans une assemblée de socialistes dont les frères souffrent et pourrissent à 4000 lieues d'ici sous le ciel australien, on acclame un homme... qui n'a pas voté l'amnistie. »

Le Congrès fut clos le 8 février. L'industrie internationale devant être représentée en mai 1878 à l'Exposition universelle de Paris, il fut convenu que le Congrès suivant aurait lieu à Paris et serait international. Mais, pour le cas où il ne pourrait avoir lieu, on décida en même temps, par précaution, que le troisième Congrès national se tiendrait en octobre 1879 à Marseille.

Programme. — Lyon, pour le programme comme pour l'organisation, reproduisit presque exactement Paris. Sur les neuf questions portées à l'ordre du jour, deux seulement étaient nouvelles : la troisième (les crises industrielles et le chômage) ; la huitième (du vagabondage et des mœurs dans les centres industriels).

Résolutions. — On ne peut signaler d'inédit, *dans les résolutions adoptées*, qu'un vote de principe sur la journée de huit heures, et les dispositions suivantes, complétant cette théorie des candidatures ouvrières qui avait déjà fait, à Paris, l'objet de si intéressants débats :

« Les candidats devront accepter formellement le programme socialiste imposé par leurs comités ;

« Le candidat s'engagera, par écrit, à remplir toutes les conditions du programme, faute de quoi il sera déclaré déchu...

« Il sera créé des journaux socialistes, lesquels ne devront préconiser exclusivement que des candidatures ouvrières... »

On décidait enfin que les voix du *parti socialiste ouvrier* (ce nom se trouve pour la première fois dans les résolutions) devaient au second tour se reporter sur le candidat républicain, — et, dans les circonscriptions où le parti ne présentait pas de candidature ouvrière, s'affirmer au premier tour par bulletins blancs, quitte à se rallier, pour le second, à la candidature républicaine la plus accentuée.

Tendances. — Il semblerait ainsi, à ne consulter que le programme et les votes, que le Congrès de Lyon n'ait rien apporté de nouveau à l'histoire socialiste. Bien au contraire, cette session marqua un progrès considérable et décisif.

Au début, le ton des discours rappelait les séances de Paris. Entre les cris d'enthousiasme républicain et les déclarations anti-cléricales, on entendit les orateurs protester de leurs pensées conciliantes, de leur politique pacifique. « Fiers de leur titre de citoyens français », ils reniaient l'Internationale... Mais, peu à peu, l'accent s'échauffe et monte. Les délégués de Marseille, en particulier, et ceux de Lyon, les plus nombreux, apportent, à l'exposé des souffrances et des revendications ouvrières, une vigueur plus âpre et plus acerbe. On parle « des malheureuses victimes du mouvement de 1871 », des « martyrs de la Révolution. »

La majorité des délégués persistait à chercher dans l'association la solution du problème social. Mais il semblait pourtant que, depuis le Congrès de Paris, cette notion même se fût modifiée pour beaucoup d'entre eux. Les délégués Amat et Chépié, de Lyon, fort applaudis tous deux, firent entendre à ce sujet des paroles toute nouvelles. « L'association, disait Amat, n'est pas un principe, elle est un *moyen de lutte.* » Pourquoi, disait Chépié, surcharger d'organes et de fonctions l'association ouvrière? Pourquoi lui demander d'organiser l'enseignement professionnel, les retraites ? Telle n'est pas sa fin. Elle ne doit pas tendre à autre chose *qu'à être une force*. Or, moins elle aura de fonctions, plus elle aura de force. Dans le même sens, les délégués Lombard et Garnier, de Marseille, demandaient la fédération des associations et syndicats d'une même corporation et une fédération générale ouvrière pour opposer la coalition générale des travailleurs à la coalition patronale. L'association, ainsi conçue, n'était plus une fin théorique, mais seulement un moyen tactique.

Ce que déclaraient ainsi les délégués, c'était bien la lutte, et *la lutte de classe*, car l'idée de classe, déjà posée à Paris, fut affirmée à Lyon avec une énergie singulière. « La Société française en est arrivée aujourd'hui à mettre à nu deux classes, que nous désignons : la première, par *plèbe* ou *prolétariat;* la seconde, par *bourgeoisie,* la noblesse n'étant plus qu'une fiction et le clergé une catégorie de fonctionnaires. » Le peuple, dit un autre délégué, abandonné à lui-même en 1789, « a formé la classe dite prolétaire, par opposition à celle des propriétaires et des capitalistes. » — C'est dans cet esprit que le Congrès réclame la représentation directe du prolétariat au Parlement. Les travailleurs formant une classe entièrement distincte de toute autre, ne pourront être honnêtement représentés que par un des leurs. Et si une opposition se produisit contre les candidatures ouvrières, c'est encore au nom de la lutte de classe que cette opposition s'exprima. Quelques délégués blâmèrent, en effet, l'action électorale, parce « qu'en envoyant nos camarades travailleurs dans ces assemblées bourgeoises, nous semblons prendre nous-mêmes leur défense, que nous allongeons leur vie, que nous leur refaisons une virginité. » Il faut, disait le délégué Ballivet, « se tenir le plus en dehors possible de toutes les manifestations de la société bourgeoise », mais « provoquer dans le sein même de la société actuelle l'organisation de la société libre de l'avenir ; de sorte que, le jour où le développement social amènera la mort de la société bourgeoise, la société nouvelle soit à côté, toute prête pour la remplacer... » Ce langage se tenait déjà, à Lyon, en 1878.

Dans les discussions purement économiques, on sentait aussi le Congrès rapprocher peu à peu son langage et sa pensée de la doctrine révolutionnaire. On entendait, par exemple, le délégué des grandes coopératives de consommation déclarer que le but à atteindre était la régularisation de la production et la suppression du salariat ; que, sans ces deux réformes profondes, toutes les réglementations partielles, toutes les réformes de détail ne seraient que des palliatifs inutiles. Un délégué de Lyon affirmait que le machinisme était un progrès pour l'humanité, mais à une condition, c'est que les machines « devraient être entre les mains des travailleurs, non de ceux qui les exploitent. » On sentait chaque jour se dégager et s'éclaircir la notion du collectivisme. « Le remède au chômage, dit un délégué, est dans l'établissement de l'industrie et de la propriété collectives. » « Le collectivisme, ajoutait Thierry, de Reims, est notre but ; nous ne l'atteindrons que par la révolution, mais il y aura des révolutions tant qu'il y aura des souffrances. » A l'issue de la séance du 4 février, Chabert, délégué de Paris, vint confesser ses anciennes convictions comme des erreurs passées et conclut : « Le collectivisme, c'est l'avenir. »

Mais ces déclarations restaient isolées, personnelles ; aucune d'elles encore n'avait été fortifiée de justifications théoriques, quand, le 5 février, le délégué Dupire, de Paris, prenant la parole sur la septième question du programme (les travailleurs agricoles) vint lire un manifeste collectiviste, formel et précis cette fois, élaboré avec un soin extrême (les rédacteurs de l'*Égalité* n'y étaient certainement pas étrangers), et qu'il faut analyser de plus près.

Dupire exposa qu'il était bon, selon lui, de renverser la méthode généralement suivie à Lyon et à Paris et qui consistait à attendre la solution du problème social du rapprochement d'un certain nombre de réformes particulières. Il faut, au contraire, dit-il, poser tout d'abord et tâcher de résoudre le problème social général ; car de sa solution dépendent toutes les questions particulières qui nous ont occupés jusqu'ici. Quels sont les termes de ce problème ? La société moderne est divisée en deux classes : les exploités et les exploiteurs ; ceux qui travaillent sans posséder, ceux qui possèdent sans travailler. D'où provient cet état de choses ? De l'antagonisme des intérêts. Comment peut-on y porter remède ? En substituant le principe de la solidarité universelle au principe de l'antagonisme général. C'est précisément ce qu'avaient tenté les coopérateurs. Mais l'expérience de ces dernières années témoigne, en fait, des échecs de l'idée coopérative ; et, théoriquement, la coopération ne révèle aucune des propriétés nécessaires à la solution du problème social. La coopération généralisée n'aboutirait nullement à l'émancipation totale des travailleurs, mais à l'exploitation des travailleurs par quelques catégories corporatives ou par quelques individus. Il n'existe qu'une solution efficace, c'est de décider que le sol, les matières premières, l'outillage industriel, qui sont la garantie même de l'existence matérielle des sociétés, ne sont pas susceptibles de propriété individuelle et doivent rester la propriété collective et inaliénable de la société ; que la seule propriété personnelle légitime est celle des fruits du travail personnel. Ainsi cesseront, d'une part l'antagonisme des intérêts, d'autre part cette inégalité monstrueuse dans la répartition des produits du travail. Dupire conclut en montrant le néant de l'économie politique bourgeoise, en décrivant les progrès de la doctrine collectiviste à travers l'Europe entière ; il termina en évoquant le rêve universel de la révolution sociale.

La séance où Dupire lut son manifeste a été, en général, très inexactement analysée. Il n'est pas exact que de violentes protestations se soient élevées contre ce manifeste. Le compte-rendu ne mentionne, au cours de la lecture, aucune interruption quelle qu'elle soit ; on écouta donc dans le plus complet silence ; à la fin de la lecture, on trouve seulement cette mention : *salve d'applaudissements*. Le délégué Finance, qui du reste n'était pas un partisan de la coopération, vint répondre au nom de la doctrine positiviste. Il affirma notamment que la propriété collective serait la plus dure de toutes ; que le système collectiviste n'était pas conforme aux progrès de la science ni à l'évolution naturelle ; que d'autre part il était incomplet, puisqu'il ne visait à résoudre que le problème matériel et ne comportait ni philosophie ni morale... Mais il n'est pas exact de prétendre que l'assemblée ait pris parti, dans cette discussion, contre Dupire pour Finance. Au contraire, le discours de Finance fut accueilli par des protestations mêlées aux applaudissements. Il n'est pas plus exact que les délégués Pessey (de Besançon) et Labouret aient parlé contre la doctrine collectiviste. Ils blâmèrent seulement l'introduction dans les travaux du Congrès de discussions théoriques qui n'étaient pas prévues par l'ordre du jour ; mais ils protestèrent à la fois contre les deux discours, *contre les deux utopies*. « Que les maîtres et disciples du collectivisme *et du positivisme*, dit Pessey, trouvent d'autre tribune que celle d'un Congrès national du travail français. »

Il est exact que, les délégués Dupire et Ballivet ayant soumis à la deuxième commission de résolutions l'amendement suivant :

« Considérant :

» Que l'émancipation économique des travailleurs ne sera un fait accompli que lorsque ceux-ci jouiront du produit intégral de leur travail ;

» Que, pour atteindre ce but, il est nécessaire que les travailleurs soient les détenteurs des éléments utiles à la production : matière première et instruments du travail ;

» Conséquemment,

» Le Congrès invite toutes les associations ouvrières, en général, à étudier les moyens pratiques pour mettre en application le principe de la propriété collective du sol et des instruments du travail[1]; »

Cet amendement ne réunit qu'un petit nombre de voix, huit, dit M. Léon de Seilhac (nous ne savons où il a trouvé ce chiffre) — une vingtaine, dit l'*Égalité*. Mais il fut surtout rejeté comme étranger à l'ordre du jour, pour les mêmes raisons qu'on repoussa un vœu relatif à l'amnistie. La majorité des délégués surpris par le manifeste collectiviste, se réservaient ; mais on ne saurait interpréter comme un vote hostile le rejet de l'amendement Dupire-Ballivet.

L'*Égalité* rapporte qu'après le Congrès de nombreux délégués, notamment de Lyon et de Limoges, adhérèrent à la doctrine collectiviste et promirent d'en poursuivre la propagande. L'*Égalité*, qui d'ailleurs, lors des premières séances, avait flétri l'opportunisme ouvrier des congressistes, se déclarait satisfaite, après le manifeste Dupire, de l'œuvre accomplie à Lyon. Quant à la *République française*, journal de Gambetta, elle se félicitait « que les partisans du régime réactionnaire de la collectivité de la propriété, présenté depuis quelque temps par certains esprits égarés comme une sorte de panacée sociale, se fussent trouvés, au Congrès ouvrier de Lyon, en présence de contradicteurs animés du plus pur bon sens français. »

TROISIÈME CONGRÈS OUVRIER SOCIALISTE

(Marseille, 1879)

Les travailleurs de Paris, mandatés à cet effet par le Congrès de Lyon, s'occupèrent de rendre aux délégations étrangères envoyées à l'Exposition universelle l'accueil que les délégués français avaient trouvé à Londres, en 1862, à Vienne, en 1873, à Philadelphie, en 1876. Dès mars 1878, une commission d'initiative invita, non plus seulement les syndicats, mais « tous les groupes ouvriers » à nommer chacun un délégué pour constituer le comité de direction du Congrès international ; mais dès le commencement d'avril, les journaux officieux publiaient la note suivante : « Les efforts tentés pour organiser un congrès ouvrier à Paris pendant l'Exposition peuvent être considérés aujourd'hui comme ne pouvant aboutir. Le gouvernement est résolu à ne point autoriser cette réunion. »

Le président du Conseil, Dufaure, l'auteur de la loi du 23 mars 1872 sur l'Internationale, venait d'ordonner contre l'*Égalité* perquisition et saisie ; depuis un mois il faisait détenir à Mazas ou à Saint-Lazare quelques socialistes italiens et russes, poursuivis comme affiliés à la célèbre association ; il eût manqué à ses principes politiques en tolérant un Congrès international. Le Congrès, annoncé dans le mois de septembre, fut interdit par un ordre formel de la préfecture de police.

Le rôle actif de Jules Guesde commence alors. Dès l'origine, Guesde et ses collaborateurs avaient désiré participer au Congrès international. Ils comptaient d'ailleurs, parmi les socialistes étrangers, et particulièrement parmi les marxistes, de sûrs correspondants (Bebel, Liebknecht, César de Paepe) et de nombreux amis. Au mois de mars 1878, une réunion privée organisée par Guesde, salle Pétrelle, avait déjà réclamé l'accès du futur Congrès pour les groupes socialistes non ouvriers. *L'Égalité* demandait à la commission d'initiative d'éviter toute mesure qui pourrait laisser croire à une division entre socialistes et ouvriers, « entre le travail musculaire et le travail cérébral » ; elle avait proposé à cet effet que la commission syndicale d'initiative fusionnât avec les délégués de la réunion Pétrelle. On ne s'étonnera donc pas que Jules Guesde et ses amis, voyant la commission syndicale reculer devant les injonctions ministérielles, aient repris résolument à leur charge le mandat du Congrès de Lyon, et se soient constitués, d'eux-mêmes, les organisateurs du Congrès international.

Les socialistes français et étrangers furent invités à venir siéger en dépit de la police. Les chambres syndicales elles-mêmes, dit M. de Seilhac, « demandèrent pour leurs délégués des cartes d'invitation au Congrès, qui devait se tenir au domicile particulier de M. Finance, 104, rue des Entrepreneurs, à Grenelle... Le

4 septembre les congressistes se présentèrent rue des Entrepreneurs. Ils trouvèrent le domicile de M. Finance gardé par la police ». « A l'ouverture de la première séance, dit l'*Année politique*, des commissaires de police se présentèrent avec mission de faire évacuer la salle. Une résistance s'étant produite, des arrestations eurent lieu et des poursuites judiciaires furent intentées. »

Jules Guesde comparut le 22 octobre 1878 devant la dixième chambre correctionnelle, devant laquelle il se contenta, pour sa défense et pour celle de ses amis, de développer la doctrine collectiviste. « Cette défense, dit M. de Seilhac, eut un retentissement immense. » Finalement trente-quatre condamnations pour association illégale furent prononcées, — variant de 15 francs d'amende à six mois de prison.

Mais rien ne se perd. On se souvient que le Congrès de Lyon, par une précaution fort sage, tout en mandatant les ouvriers de Paris pour l'organisation du Congrès international, avait, d'avance, fixé à Marseille l'ouverture de la troisième session nationale. Les événements de Paris devaient exercer sur les résolutions de cette dernière assemblée une action singulièrement efficace. « Du contact des délégués ouvriers de toutes les nations civilisées qui s'étaient donné rendez-vous à l'Exposition universelle, il s'était dégagé une idée nettement révolutionnaire... Lorsque le Congrès international fut brutalement dissous par le ministère, une chose fut démontrée : la classe ouvrière n'avait plus à *attendre son salut* que d'elle-même... Ainsi, poursuit le compte-rendu, cette dissolution du Congrès de Paris fit faire un pas immense aux revendications prolétariennes. Elle les rendit plus précises... Les suspicions du ministère vis-à-vis des organisateurs de ce Congrès, le procès *inique* qu'il leur intenta, aboutirent aux *résolutions révolutionnaires* du *Congrès*, lesquelles montrent que le prolétariat français a conscience de lui-même et est digne de son émancipation. » D'ailleurs, pendant l'année 1879, le mouvement général du socialisme en France avait été *manifeste*. Un fait suffit à en témoigner. Le *21 avril*, quelques mois avant l'ouverture du Congrès de Marseille, Blanqui, par 4000 voix de majorité, avait été élu député de Bordeaux.

Organisation. — La commission d'organisation fut désignée par une réunion *corporative* convoquée dès le mois d'octobre 1878 (c'est-à-dire au moment où se jugeait le procès de la dixième chambre) par les délégués marseillais au Congrès de Lyon. La première circulaire fut lancée en février 1879. Ce n'était déjà plus le même langage qu'à Lyon ou qu'à Paris. « La bourgeoisie, y lisait-on.., détient les matériaux, les instruments de travail, les utilités productives dont nous, travailleurs et prolétaires, sommes spoliés régulièrement. Appuyée sur un militarisme effroyable, sur un agiotage insensé... sur un système immoral qu'une science fausse, l'économie politique, prétend légitimer elle rend de plus en plus impossible cette précieuse indépendance des hommes : l'autonomie de leur personne, l'émancipation de la masse... Pour que cet état de choses cesse, travailleurs, c'est à vous que nous nous adressons! »

Dans les règles de la représentation au Congrès, on relève aussi des nouveautés significatives. Sans doute, comme à Lyon, comme à Paris, on convoque les chambres syndicales et les associations ouvrières de toute nature. On décide que « tout délégué devra être ouvrier, élu par des ouvriers, et porteur d'un procès-verbal le mandatant régulièrement. » Mais on admet les cercles de travailleurs, c'est-à-dire les cercles d'études collectivistes, fondés depuis le commencement de 1878 sous l'inspiration de Guesde et de ses amis, et dont les procédés de recrutement sont extrêmement larges. Surtout on se préoccupe — tant on désire échapper à l'influence des purs syndicaux — d'assurer la représentation des travailleurs isolés, non groupés en associations corporatives. « Dans les villes au-dessous de 1.000 habitants, décide la commission marseillaise, les travailleurs non régulièrement constitués, réunis au nombre d'au moins 25, pourront envoyer un délégué par 25 et par fractions de 25. Dans les villes au-dessus de 1000 habitants, ce nombre devra s'élever à 50 au moins. Les travailleurs pourront envoyer un délégué par 50 et par fraction de 50. » Le texte est remarquable : c'est le premier essai de suffrage universel socialiste.

Le Congrès s'ouvrit le 20 octobre, au milieu d'une affluence considérable, dans la grande salle des Folies-Bergères « que la Commission d'organisation avait très élégamment décorée. Au fond du bureau, elle avait fait placer un buste de la République entouré d'un faisceau de drapeaux...; les devises socialistes suivantes : *Liberté, Egalité, Solidarité. Pas de Droits sans Devoirs; pas de Devoirs sans Droits. — La Terre au Paysan, l'Outil à l'Ouvrier, le Travail pour Tous. — Science, Paix; Union, Justice,* écrites sur fond rouge, décoraient les murailles. Sous le bureau était placée la tribune, tendue de velours rouge... »

La commission des résolutions nommée à Lyon vint tout d'abord, suivant la coutume, faire l'exposé de ses travaux, c'est-à-dire de ses déboires. Surtout la conférence organisée avec les députés du Rhône avait piteusement échoué. Ces députés, dont l'un appartenait à l'extrême-gauche, avaient combattu la limitation de la journée de travail au nom du principe de la liberté, et la liberté d'association au nom des droits de l'Etat — « le remède à cet état de choses, disait la commission, est dans la création en France d'un parti ouvrier tel qu'il existe déjà dans plusieurs états voisins. »

Lombard, secrétaire de la commission d'organisation, proposa alors que le Congrès prît le nom de Congrès ouvrier socialiste de France, et cette proposition fut adoptée à l'unanimité.

Les deux premières séances furent consacrées, par une heureuse innovation, à une sorte de recensement des forces ouvrières organisées, puis à un exposé des conditions générales du travail dans les différentes villes pour les différentes industries. Ces rapports, dont l'importance documentaire est de premier ordre, remplissent 150 pages du compte-rendu. Après quoi le Congrès passa à l'étude des dix questions portées à son ordre du jour.

Malgré la violence des idées exprimées et des résolutions prises, malgré la contrariété des opinions, les débats furent généralement tranquilles. On remarque peu d'incidents dignes d'être notés. Le Congrès retira la parole à un délégué qui avait voté contrairement au mandat de sa chambre syndicale, et lui refusa l'impression de son rapport. Au début de la séance du 26 octobre on demande l'ouverture d'une souscription en faveur du gérant du journal *Le Prolétaire*. Cette feuille socialiste paraissait depuis un peu moins d'un an et son gérant était détenu à Sainte-Pélagie. Après un assez vif tumulte, cette proposition fut écartée par la clôture. Le lendemain, Fournière, délégué de Paris, dirigea de violentes attaques contre « celui que la France considère encore comme le chef du socialisme », Louis Blanc. Il le traita de complice des fusilleurs, nota son silence le jour où l'Assemblée nationale, après la répression de la Commune, décida que les armées de terre et de mer avaient bien mérité de la patrie, cita une lettre au *Figaro* où Louis Blanc exprimait son horreur « de l'incendie, du pillage, de l'assassinat ». « Et voilà, dit-il, l'homme à la voiture duquel Marseille, à sa honte, s'est attelée. » Louis Blanc était député de Marseille. Fournière, accusé « d'insulter toute une population » fut accueilli par un tumulte tel que la séance en fut interrompue durant un quart d'heure. Néanmoins 76 voix contre 34 lui maintinrent la parole.

Dans la plupart des discours on sentit passer la flamme révolutionnaire. — « Puisque nous sommes venus, disait Fournière, pour organiser le grand parti du travail, creusons l'abîme déjà si large — et que les cadavres des victimes de juin 1848 et de mai 1871 ne sont pas faits pour combler — qui existe entre la bourgeoisie... et le prolétariat qui n'est rien. » En quatre discours qu'accueillirent des applaudissements frénétiques, Ernest Roche, délégué de Bordeaux, invitait le prolétariat à préparer par la force la réalisation de la société collectiviste : « Si le vieux monde, dans les convulsions de son agonie, essaie d'étouffer encore sous ses chassepots vos revendications légitimes, vous serez préparés à la lutte... Le sang des enfants du peuple, s'il faut qu'il coule, n'aura pas du moins arrosé les pavés de la rue pour n'aboutir qu'à un nouvel esclavage. » On acclamait la déclaration internationaliste du délégué Bernard, de Grenoble : « Notre patrie à nous, ce sont nos frères, ce sont tous les travailleurs. Nos ennemis, ce sont tous les oisifs. Tendons donc une main fraternelle à nos frères de Russie, d'Allemagne, et qu'un cri commun sorte de nos cœurs : « Vive la Révolution sociale et universelle ! »

Dans sa séance du 25 octobre, le Congrès vota une adresse de félicitations au Congrès de la Paix, dont la tenue était fixée à Naples, et qui avait pour but de demander le désarmement des Etats de l'Europe.

Au commencement de cette même séance, le Congrès avait reçu la lettre suivante, accompagnée d'une longue adresse :

« Citoyens,

» Les réfugiés de la Commune, réunis en assemblée générale, envoient leurs félicitations et leurs encouragements les plus chaleureux au Congrès ouvrier socialiste de Marseille.

» Salut et solidarité.

» *Pour la Société,*

» Le secrétaire : Léon LANDRIN. »

« Le Congrès de Marseille, disait l'adresse, doit être le point de départ d'un mouvement qui, s'il n'est pas enrayé, aboutira à l'organisation en une masse compacte, mais non plus confuse, de la classe ouvrière en France.

» Le moment est favorable, la forme républicaine est à l'abri de tout péril, sinon de tout attentat... »

L'adresse traçait à grands traits l'histoire du prolétariat depuis 1848, et rattachait à la Commune le mouvement collectiviste qui se manifestait ainsi à Marseille. Elle insistait sur la nécessité de constituer un parti politique, sur l'efficacité de la propagande parlementaire : « Serions-nous incapables de nous réunir pour la lutte légale après avoir été tant de fois réunis dans la lutte révolutionnaire ! »

Cette adresse fut saluée par une longue salve d'applaudissements, et le Congrès y répondit dans ces termes :

« Aux réfugiés de la Commune, à Londres,

» Le Congrès ouvrier socialiste de Marseille applaudit aux encouragements que vous avez bien voulu lui envoyer et qui ont été apportés à la tribune.

» Les délégués réunis ici affirment une fois de plus les principes pour lesquels vous avez combattu et souffert... »

... De séance en séance, l'affluence du public s'était accrue. On vit, certains soirs, jusqu'à 1 800 personnes. Les sièges manquèrent ; la plupart des spectateurs durent se tenir debout.

Programme. — Sur les dix questions que contenait le programme, cinq (numérotées 1, 2, 3, 4, 6) n'étaient que la reproduction des programmes de Lyon et de Paris ; les cinq autres étaient nouvelles, et l'on peut dire aussi qu'elles exprimaient un état d'esprit nouveau. C'étaient :

Question n° 5 : du Salariat.

Question n° 7 : *de la propriété.*

Question n° 8 : de l'impôt et de la rente.

Question n° 9 : du libre échange et de la protection.

Question n° 10 : *de la question sociale.*

A chacun de ces titres généraux, la commission marseillaise avait ajouté une énumération de quelques lignes détaillant les différents aspects ou les conséquences principales de la question posée. La question 7 se développait ainsi : « De la propriété et de son organisation par l'appropriation individuelle ou collective du sol et des instruments de travail. » La question 10 : « De l'existence de la question sociale, et du caractère politique et économique qu'elle revêt actuellement... Du programme et du plan d'ensemble destiné à servir de ligne de conduite au prolétariat dans son œuvre de rénovation et d'émancipation sociale... Des moyens pratiques dont le prolétariat peut disposer actuellement pour la réalisation de ses vœux et la réussite du programme et du plan adopté. »

Résolutions. — Sur les questions déjà portées à l'ordre du jour des Congrès précédents, des résolutions inédites furent votées. On vota notamment :

L'égalité absolue des deux sexes au point de vue des droits sociaux et politiques ;

L'organisation par les syndicats « de conférences afin d'initier les prolétaires aux justes revendications de la classe ouvrière; des causeries devraient avoir lieu afin d'étudier d'une façon pratique le programme des Congrès futurs » (dans cette conception, le syndicat devait être un organe de propagande socialiste) ;

La rétribution de toutes les fonctions électives ;

La gratuité, après concours, de l'enseignement secondaire..., etc., etc.

Mais trois résolutions dominent les débats de Marseille :

Le Congrès décida que l'émancipation des tra-

vailleurs ne pourrait résulter du seul développement des associations coopératives ;

Il se rallia au collectivisme ;

Il organisa le parti socialiste français.

Aucune de ces résolutions ne doit surprendre outre mesure. Nous avons pu suivre, dans les premiers Congrès, la déchéance progressive de l'idéal coopératif. L'expérience, le raisonnement avaient convaincu peu à peu les ouvriers que la coopération est un moyen, mais non un but ; que, même si elle est un moyen nécessaire, elle ne saurait être le moyen unique. Le délégué des grandes coopératives de consommation, Frilley, l'avait presque formellement reconnu à Lyon. Comment s'étonner que la majorité des délégués l'ait proclamé à Marseille ?

D'autre part, au Congrès même de Paris, n'avons-nous pas montré que chez ces ouvriers purement syndicalistes, on sentait déjà — se révélant par des mots, des faits cités, par des affirmations qu'eux mêmes n'osaient pas pousser à leurs conséquences dernières — la doctrine collectiviste germer en silence ? A Lyon, les conclusions du délégué Dupré étonnèrent, effarouchèrent, si l'on veut. Mais, semble-t-il, ses conclusions seules. L'assemblée entière lui concédait ses prémisses. Le compte-rendu laisse l'impression que tous les délégués admettaient, soit la partie expérimentale, soit la partie critique de son manifeste. En tout cas, l'assemblée s'abstint plutôt qu'elle ne condamna. Il faut remarquer d'ailleurs que la majorité des représentants de Marseille, sans soutenir explicitement l'amendement Dupré, avaient, dans la discussion, émis des théories très voisines. Il ne manquait plus que le courage des mots et des formules. Peut-on s'étonner dès lors qu'un Congrès se tenant à Marseille, dans un milieu ouvrier particulièrement actif, après dix-huit mois de réflexion et de propagande, — fortifié par le contact des délégués étrangers, blessé par l'interdiction du Congrès international et par les procès de ses organisateurs, encouragé plus ou moins consciemment par les circonstances politiques générales, — se soit rallié franchement à ces théories collectivistes dont nous avons pu suivre, pas à pas, le progrès ?

Et, en ce qui concerne l'*organisation* d'un parti purement ouvrier, on doit éprouver moins de surprise encore. A Paris, à Lyon les déclarations sur ce point avaient été multiples et formelles. Depuis longtemps cette résolution était mûrie. Depuis longtemps, si le parti avait eu une doctrine, la doctrine aurait eu un parti. A Paris et à Lyon, n'avait-on pas réclamé une représentation ouvrière au Parlement, des comités ouvriers, des journaux ouvriers, en un mot une action politique *de classe* ? A Lyon, de nombreux délégués demandaient que l'organisation économique elle-même, — qui est nécessairement une organisation de classe — fût surtout adaptée à la lutte. Et en somme le futur parti possédait déjà son organe essentiel, ses Congrès, puisque, dès le début, les Congrès avaient été conçus comme une institution régulière, puisque, depuis trois ans, en dépit de tous les obstacles politiques, leur périodicité avait été observée. Du jour où le parti socialiste était doté de ce qui lui avait manqué jusqu'alors : une doctrine, il ne restait plus qu'à réunir en un tout systématique ces tendances isolées, à fondre ces règles éparses en un pacte constitutionnel.

Sur ces trois points : coopération, propriété, organisation du parti, nous analyserons les débats du Congrès et nous reproduirons ses résolutions.

I. Le débat sur la coopération s'ouvrit le 24 octobre, après la lecture d'un message par lequel la démocratie socialiste d'Allemagne, « baillonnée par les infâmes lois d'exception », invitait les ouvriers français à profiter de l'enthousiasme populaire qui venait au devant d'eux et leur tendait une main fraternelle.

Les délégués Gouttes et Lefebvre exposèrent tout d'abord la thèse classique de Paris et de Lyon : la suppression du salaire réalisée par le développement des associations ouvrières. Finance leur succéda à la tribune. Seul peut-être, à Paris, il avait formulé de fortes réserves sur le succès de l'idéal coopératif. Tout le « monde a été coopérateur, dit-il, Batbie, le comte de Paris et même Napoléon III. C'est que la coopération tue le sentiment politique. (En cela tout au moins, guesdistes et positivistes se trouvaient d'accord). Elle est « une apparence de solution que l'on pourrait croire inventée par la bourgeoisie égoïste ;... elle est le plus grand commun diviseur des forces ouvrières. » — Dupas, de Paris, formula le vœu « qu'aucun prolétaire ne soutienne ni n'appartienne à aucune coopération. » Vainement, Tessier, Chartier, délégués par *La Solidarité* de Nîmes, vinrent, dans des discours précis, défendre, « au nom de la vie à bon marché », la coopérative de consommation ; vainement Hérivault, délégué par l'*Union du bâtiment* de Paris, tenta, pour les coopératives de production, une démonstration plus malaisée. L'opinion du Congrès était faite. Nous ne condamnons pas les coopératives, répondait notamment Tranier, de Toulouse ; bien au contraire. Elles constituent des moyens propres à nous instruire de nos droits et de nos devoirs, « mais les travailleurs ne pourront obtenir les instruments de travail et les matières premières que par la Révolution. »

Le Congrès adopta donc finalement la résolution suivante qui rompait définitivement avec l'ancienne théorie coopérative :

« Considérant qu'il résulte des discours prononcés par les différents orateurs...

» 1° Que le travailleur ne peut pas par son salaire équilibrer son budget ;

» 2° Que, par conséquent, toute économie étant d'une impossibilité absolue, il ne peut atteindre, par le rachat, le but social, qui est la possession des instruments de travail...

» 3° Que les sociétés coopératives de production ou de consommation ne peuvent améliorer que le sort d'un petit nombre de privilégiés dans une faible proportion ;

» Le Congrès :

» Déclare que les sociétés ne peuvent aucunement être considérées comme des moyens assez puissants pour arriver à l'émancipation du prolétariat ;

» Que néanmoins, ce genre d'associations pouvant rendre des services comme moyen de propagande pour la diffusion des idées collectivistes et révolutionnaires, dont le but est de mettre les instruments de travail entre les mains des travailleurs, il doit être accepté au même titre que tous les autres genres d'associations dans le seul but d'arriver le plus vite possible à la solution du problème social par l'agitation révolutionnaire la plus active. »

II. Les théories collectivistes qui avaient inspiré déjà, plus ou moins directement, cette discussion, s'affirmèrent dans toute leur vigueur à la séance du 26 octobre, sur la cinquième question : Le salariat.

Le citoyen Fauché, délégué des socialistes indépendants de Paris, exposa cette loi des salaires, que des économistes bourgeois, comme Turgot, Ricardo et Jean-Baptiste Say, ont avouée, que Lassalle a nommée *la loi d'airain*. Les économistes bourgeois, dit-il, déclarent avec Lassalle et Guesde que la bourgeoisie ne peut nous donner qu'un salaire moyen, et que ce salaire ne saurait normalement dépasser le quantum des substances nécessaires pour que l'ouvrier puisse vivre et se reproduire. Se fondant sur une statistique « faite par le citoyen Guesde », il affirma que les classes intermédiaires entre gros capitalistes et prolétaires : petits commerçants, petits patrons, tendaient progressivement à disparaître. Il conclut que si l'on voulait arrêter l'exploitation de l'homme par l'homme, empêcher « la mort sociale », il était temps que la propriété individuelle fût remplacée par la propriété collective.

Jean Lombard, de Marseille, vint à son tour, dans un discours extrêmement long et étudié, affirmer que la loi d'airain s'appliquait avec toute la rigueur des lois économiques ; que ni l'épargne, ni l'association, ni le contrat d'apprentissage, ni la fixation des salaires au moyen de transactions conclues entre patrons et ouvriers ne pourraient donc obvier à cette situation misérable. Le seul remède était de garantir à l'ouvrier, non pas le minimum de subsistance nécessaire à sa vie, — ainsi qu'il résulte nécessairement des conditions présentes de la société —, mais le produit intégral de son travail. Or sur ce salaire théorique de l'ouvrier s'exerce le prélèvement du capital. L'ouvrier ne perçoit pas la valeur totale de ce qu'il a produit ; il n'est payé qu'après déduction du prélèvement que dans sa toute puissance le capitaliste s'attribue, et les fortunes capitalistes sont faites de ce travail non rétribué. Tant que la bourgeoisie retiendra les instruments de travail, elle continuera ainsi à dicter ses lois au prolétaire. Le salariat ne disparaîtra donc qu'avec la bourgeoisie ; — « c'est le prolétariat qui doit les précipiter tous deux dans la tombe où les misères des siècles passés les attendent », et cette révolution se caractérise par la socialisation du sol et des instruments de travail. A cet effet la ligne de conduite du prolétariat est toute tracée : c'est *la guerre de classe*, « logique, nécessaire, fatale », que le prolétariat doit déclarer à la bourgeoisie « et qui doit se poursuivre sur le terrain à la fois intellectuel, économique, juridique et politique. »

Le 28 octobre s'ouvrirent les débats sur la septième question : De la propriété. Fournière et Fauché, de Paris ; Tranier, de Toulouse, reprenant les démonstrations déjà faites, conclurent « à la propriété collective avec toutes ses conséquences comme but, et à la révolution comme moyen pour y arriver. Le positiviste Finance vint alors défendre « la cause de la propriété individuelle, nécessaire à l'indépendance et à la dignité du citoyen, nécessaire à la marche du progrès humain ». Finance, « se réclamant du nom de socialiste », admettait sans doute que des modifications devaient être introduites dans la constitution actuelle de la propriété ; mais, pas plus pour la masse que pour l'individu, la propriété ne doit comporter le pouvoir d'user et d'abuser, et c'est à quoi pourtant devait mener, selon Finance, la propriété collective. Puis il opposa aux collectivistes leurs propres dissensions doctrinales, les difficultés pratiques que devait rencontrer la mise en œuvre de leurs théories. Il reprocha au collectivisme de ne pas garantir le droit des minorités, c'est-à-dire des élites, de recourir à la tyrannie de l'Etat alors que la civilisation tend progressivement à éliminer l'Etat de tout ce qui n'est pas le maintien de l'ordre matériel, de croire que la loi sera toujours nécessaire pour forcer l'homme à être honnête. On devait, selon lui, tout attendre au contraire des progrès de « l'instruction encyclopédique et de la perfectibilité humaine », grâce à laquelle un jour viendrait « où les mesures légales seraient inutiles et où il suffirait de la pression de l'opinion publique éclairée pour maintenir les possesseurs de la fortune dans le devoir. »

Jean Lombard répondit. Il y a, dit-il, en présence, un droit : la propriété qui doit être à tous, et un abus : la propriété qui n'est qu'à quelques-uns. Or ce n'est pas le droit qui doit être vaincu par l'abus. Qu'est-ce en effet que la propriété, sinon l'expression concrète des besoins de chaque être et le moyen de satisfaire à ces besoins? D'autre part, les organes sociaux, les moyens de vivre : terre et outillage industriel sont historiquement le produit du travail de l'ensemble des générations humaines, et c'est l'ensemble de leurs descendants qui en est le propriétaire légitime. Puisque l'organisation sociale actuelle est un obstacle à la possession générale des outils et du sol par l'humanité entière, seule propriétaire légitime, c'est aux prolétaires, organisés en parti de classe, à détruire cette organisation pour lui substituer une société juste.

Finalement, soixante délégués présentaient, le 30 octobre, la motion suivante, accueillie par des applaudissements prolongés et des cris de : Vive la Révolution!

« Les soussignés,

» Considérant que la question sociale ne sera résolue que lorsque chaque être humain — l'homme émancipé et la femme devenue son égale — sera arrivé à la satisfaction complète de ses besoins et au développement intégral de ses facultés...

» Considérant : 1° que la stérilité absolue des moyens de rachat, de coopération, d'alliance du capital et du travail est scientifiquement et expérimentalement démontrée ;

» 2° Que l'impôt, progressif ou fixe, de quelque façon qu'il sera perçu en l'état actuel, retombera toujours sur le consommateur, c'est-à-dire sur le travailleur ;

» 3° Qu'aucune entente n'est possible entre les détenteurs de la fortune publique et ceux qui la revendiquent justement, impossibilité trop démontrée par la différence des intérêts engagés ;

» Déclarent :

» Que l'appropriation collective de tous les instruments de travail et forces de production doit être poursuivie par tous les moyens possibles. »

Puis, après une journée de discussions nouvelles, le Congrès votait (par 73 voix contre 27, dit M. Léon de Seilhac, mais nous ignorons où il a pris ce chiffre, puisqu'une demande d'appel nominal fut rejetée), les deux résolutions suivantes, dont l'importance ne pouvait être exagérée.

Voici la première :

« Considérant que si le salariat est un progrès sur le servage et l'esclavage, c'est surtout un progrès pour les classes riches dont les capitaux sont devenus beaucoup plus productifs sous l'action du travail libre ;

» Qu'il n'existe aucune proportion entre la rémunération de ce travail et le produit de ce travail ; que la production de l'ouvrier peut être centuplée par les découvertes nouvelles... sans que pour cela la situation des travailleurs soit améliorée ;

» Que le salaire de l'ouvrier n'est pas le prix de ses produits, mais un salaire qui lui permet de vivre et de se reproduire ;

» Par ces raisons, il ne saurait être apporté une amélioration sérieuse à la situation des prolétaires sans une transformation complète de la société, c'est-à-dire sans la suppression du salariat lui-même ;

» Attendu que le salariat est le résultat de la division de la société en deux classes, l'une possédant tout et ne travaillant pas ; l'autre travaillant et ne possédant rien ; que le salariat ne saurait être aboli et faire place à la rémunération du travail par l'intégralité de son produit que si tous les travailleurs possèdent les capitaux qu'ils mettent en valeur ;

» Attendu que cette possession par les travailleurs des capitaux ne saurait être constante et universelle qu'autant que, cessant d'être individuels, ils deviennent collectifs, impersonnels et inaliénables;

» Le Congrès décide que le but des travailleurs doit être la nationalisation des capitaux, mines, chemins de fer, etc., mis ensuite entre les mains de ceux qui les font produire, c'est-à-dire des travailleurs eux-mêmes. »

Voici la seconde :

« Considérant que le système individuel qui régit actuellement la propriété est contraire aux droits égalitaires qui doivent être l'expression de la société future;

» Considérant qu'il est injuste et inhumain que les uns produisent tout, les autres rien, et que ce soient justement ces derniers qui possèdent toutes les richesses, toutes les jouissances, ainsi que tous les privilèges;

» Considérant que cet état de choses ne cessera point par la bonne volonté de ceux qui ont tout intérêt à le faire exister...;

» Le Congrès adopte :

» Comme but : la collectivité du sol, sous-sol, instruments de travail, matières premières, donnés à tous et rendus inaliénables par la société à laquelle ils doivent retourner. »

On aura reconnu dans ces résolutions, et particulièrement dans la première, les idées et jusqu'aux expressions de celui qui représentait alors en France le collectivisme allemand, Jules Guesde.

III. — Il est inutile d'analyser les discours relatifs à la constitution du parti. L'assemblée

———

entière se trouvait d'accord sur ce point, et le rapport de la commission fut adopté sans débat.

Le Congrès s'était rallié au principe fédératif. Le parti prenait le nom de *Fédération du Parti des Travailleurs socialistes de France.* Il se divisait en six régions autonomes. Les organes centraux étaient le Congrès général et le Comité général nommé par lui. (Le premier Comité général fut composé de 19 délégués de Marseille). — Il est essentiel de remarquer que, malgré la netteté extrême des résolutions théoriques précédemment votées, le Congrès n'exigeait pas des membres de la fédération l'adhésion à ces principes.

Voici d'ailleurs les articles principaux de la Constitution du Parti :

Art. 1er. — Il est formé entre tous les groupes adhérents qui entrent dans l'organisation ouvrière, une fédération de travailleurs socialistes des deux sexes, dans le but de rechercher l'application de la justice en propageant *autant que possible* les idées émises au sein des Congrès ouvriers.

[Ainsi le Congrès avait eu un programme, une doctrine, mais le parti n'en avait point.]

Art. 2. — La fédération se divise en six régions principales. (Paris, Lyon, Marseille, Bordeaux, Lille, Alger.)

Art. 3. — Chaque région tient ses Congrès régionaux et s'administre comme elle l'entend.

Art. 5. — La fédération tient chaque année un Congrès... où tous les groupes adhérents pourront se faire représenter. Le Congrès devra se tenir à tour de rôle en un centre de chacune de ces régions. Il nommera, à la fin de sa tenue, un Comité de 19 membres qui sera chargé de l'exécution de ses décisions...

Art. 8. — Tout groupe adhérent qui s'écarterait de la ligne de conduite tracée *par* la Fédération pourra en être exclu par le Comité régional auquel il appartiendra. Toutefois il pourra en appeler au Comité général exécutif.

La Commission avait proposé que le prochain Congrès fût *international* et se tint à Genève. Le Congrès décida qu'il serait national et se tiendrait au Havre en septembre 1880.

Puis la dernière séance fut levée aux cris de : Vive la Révolution démocratique et sociale ! Vive l'amnistie ! Vive la République !

CONGRÈS RÉGIONAUX

(1880).

Chaque région pouvant, selon la constitution du parti, s'organiser à sa guise, la fédération de Paris *(Union fédérative du Centre)* publia dès le mois d'avril 1880 un appel « aux salariés des deux sexes ». Le comité fédéral proposait de tenir à Paris un congrès « d'où sortirait l'organisation complète et définitive du parti ouvrier — région du centre — ». Quelques semaines plus tard le comité publiait les statuts de la fédération : aux termes de l'art. 2, et pour donner satisfaction à l'*Égalité*, l'Union fédérative n'était pas exclusivement composée de travailleurs manuels, mais elle comprenait « *tous les groupes*, sociétés et chambres syndicales de travailleurs socialistes français » qui adhéreraient aux dits statuts.

Le Congrès fut convoqué pour le 18 juillet 1880, salle de l'Ex-Alhambra, faubourg du Temple. « On ne saurait trop attacher d'importance à ce Congrès, disait la circulaire de convocation ; c'est la première fois que *le socialisme scientifique*, procédant par la division du travail, organise les forces du prolétariat ...; que le socialisme, rejetant toute conception vague et de sentimentalisme sans but,... déclare ne marcher qu'avec la science. »

L'ordre du jour était ainsi fixé :

De la ligne de conduite du parti socialiste ouvrier dans la lutte électorale;

Des élections municipales et législatives qui devaient avoir lieu en 1881;

De la propriété;

Du salariat;

De la femme;

De l'instruction intégrale et professionnelle pour les deux sexes.

Cet ordre du jour avait été préparé d'accord par le comité de l'Union fédérative et par l'ensemble de la presse socialiste parisienne, où l'on ne remarquait encore aucune division : *L'Égalité* (où Paul Brousse et Benoît Malon collaboraient avec Jules Guesde, Deville, Massard), *Le Prolétaire* (Prudent-Dervillers, Lavy, Paulard, Le Roy), *La Revue socialiste* (Paul Lafargue), *Le Travail* (Brousse), etc.

43 groupes ou sociétés, parmi lesquelles des cercles anarchistes (représentés notamment par Jean Grave), participèrent au Congrès de Paris.

Sur les 2e et 3e questions (propriété et salariat) le Congrès adopta à l'unanimité moins quelques abstentions des résolutions analogues à celles du Congrès de Marseille.

Sur les 4e et 5e questions (de la femme et de l'enseignement) le Congrès se divisa. Par 32 voix contre 19 et par 39 voix contre 27, la majorité admit la possibilité de réformes pratiques immédiates. La minorité s'était ralliée à des rédactions présentées par l'*Egalité*, et aux termes desquelles ces deux questions n'étaient susceptibles d'aucune solution utile avant la transformation de la société bourgeoise.

Mais l'œuvre entièrement nouvelle du Congrès régional de Paris, ce fut de voter, en réponse à la 1re question, un programme électoral adopté paragraphe par paragraphe (à l'unanimité moins 3 voix) et de fournir ainsi à la fédération du Centre ce que le Congrès de Paris n'avait pas donné à l'ensemble du parti, un principe d'unité théorique.

Le programme comprenait, en effet, un ensemble de considérants généraux qui résumaient la doctrine collectiviste, et un ensemble de réformes qui constituaient le programme minimum du parti.

Nous ne pouvons reproduire, en raison de leur étendue, les considérants rédigés à Londres par Karl Marx lui-même, « chef-d'œuvre d'argumentation saisissante, dit Engels ». Quant au programme proprement dit, il se divisait en deux parties.

A. — Programme politique en quatre articles, le 1er visant l'abrogation des lois sur les réunions, les associations, les livrets ouvriers; le 2e, la suppression du budget des cultes et le retour à la nation des biens de main-morte; le 3e, l'armement général du peuple; le 4e, l'autonomie communale.

B. — Programme économique, en 10 articles. Nous citons les principaux : 1° repos d'un jour par semaine ou interdiction légale pour les employeurs de faire travailler plus de six jours sur sept. Réduction légale de la journée de travail à 8 heures pour les adultes...

2° Minimum légal des salaires, déterminé, chaque année, d'après le prix local des denrées ;

Les articles 3 à 8 demandaient : l'égalité de salaire entre les deux sexes, l'instruction intégrale et professionnelle pour tous les enfants ; les retraites pour les vieillards et invalides du travail ; l'administration par les ouvriers des caisses de prévoyance ; la responsabilité des patrons en cas d'accident ; la suppression des amendes ou retenues dans le salaire.

9° Abolition de tous les contrats ayant aliéné la propriété publique : banques, chemins de fer, mines, etc., et l'exploitation de tous les ateliers de l'Etat confiée aux ouvriers qui y travaillent.

10° Abolition de tous les impôts indirects, et transformation de tous les impôts directs en un impôt progressif sur les revenus dépassant 3 000 francs. Suppression de l'héritage en ligne collatérale et de tout héritage en ligne directe dépassant 20 000 francs.

Ce programme même était l'œuvre des marxistes français : Guesde, Deville, Lombard. Il avait été revu par Marx et par Frédéric Engels.

D'autres congrès régionaux se tinrent vers la même époque que celui de Paris, notamment à Lyon et à Marseille, au mois de juillet. Mais ceux-là *n'apportèrent à la vie organique* du parti aucun élément nouveau. Le Congrès de Bordeaux fut purement syndicaliste, et, par 50 voix sur 52, refusa de prendre le titre de Congrès *socialiste* révolutionnaire.

———

QUATRIÈME CONGRÈS OUVRIER SOCIALISTE

(Le Havre, 1880).

Nous avons vu que le Congrès de Marseille avait désigné Le Havre comme siège du 4e Congrès national. Il s'ouvrit le 14 novembre. Mais dans l'intervalle s'étaient passés des faits importants qu'il faut noter.

Tout d'abord l'amnistie plénière avait été votée par le Parlement. Les militants de la Commune rentrèrent en France. Un certain nombre d'entre eux s'agrégèrent au parti d'extrême-gauche dirigé par Clemenceau. D'autres fondèrent, avec le concours des radicaux, une organisation distincte, l'*Alliance socialiste*. Au contraire, J.-B. Clément, Dumay, Jules Joffrin, Jean Allemane, d'autres encore, s'affilièrent au parti ouvrier avec Benoît Malon. Enfin Eudes, Vaillant, Granger, Chauvière reconstituaient les groupement blanquistes et le comité révolutionnaire central.

Dans le parti ouvrier, des dissensions personnelles, vite étouffées, s'étaient élevées déjà. Ainsi Jules Guesde avait obligé Benoît Malon, revenant de l'exil, à refuser une offre de collaboration au journal de Rochefort, l'*Intransigeant*. La rédaction du programme minimum avait fait naître quelques difficultés entre Guesde et ses amis, d'une part, Malon et Paul Brousse, de l'autre. Paul Brousse, ancien membre de l'Internationale et ami de Bakounine, s'était peu à peu éloigné de l'anarchie « depuis sa condamnation à deux mois de prison et son expulsion de Suisse, pour excitation au régicide, en 1879.... Dans le journal *Le Travail* qu'il publiait à Londres, il recommandait ouvertement l'union avec les collectivistes... » La publication du programme minimum voté à Paris avait d'ailleurs définitivement séparé Brousse comme Guesde du parti anarchiste. Quoi qu'il en soit, ces querelles s'étaient bientôt effacées, et, en octobre 1880, Guesde, Malon et Brousse s'unissaient pour fonder ensemble à Lyon un journal quotidien socialiste, l'*Emancipation.*

D'autre part, certains groupements syndicaux, hâtivement et violemment entraînés dans le courant collectiviste, tendaient visiblement à s'en dégager. Cet état d'esprit s'était manifesté au Congrès régional de Bordeaux, et même au Congrès régional de Lille. Le programme de Paris effrayait les syndicaux, il effrayait même certains socialistes modérés « inaptes à comprendre qu'il n'y eût pas de place dans la République pour des réformes sociales efficaces ». Au Congrès de Paris, Drouet, délégué de 14 syndicats du Havre, avait déjà protesté violemment contre l'attitude révolutionnaire de l'assemblée. Les modérés, battus à Paris comme à Marseille, voulurent prendre leur revanche au Havre et ressaisir la direction du mouvement ouvrier.

A cet effet, la commission d'organisation du

Havre, remaniant de sa propre autorité les décisions du Congrès de Marseille, décida de n'admettre que les groupes composés *d'au moins vingt-cinq membres*. Elle exigea en outre que le délégué appartînt au groupe déléguant. Se fondant sur ces dispositions arbitraires, la majorité modérée refusa de valider les mandats collectivistes. Mais cette attitude, après de longues scènes de violence et de tumulte, aboutit à un résultat imprévu. Les révolutionnaires, renonçant à forcer l'entrée de la salle du Congrès, ne pouvant tolérer pourtant que la commission havraise altérât sans droit les décisions de Marseille, résolurent de continuer à eux seuls la tradition légale du parti. Tandis que les syndicaux continuaient de siéger salle Franklin, les collectivistes déclaraient ouverte, dans la salle de l'Union lyrique « le véritable Congrès national socialiste ouvrier de la session de 1880 ».

Fait curieux : dans ce conflit, les délégués anarchistes, assez nombreux, avaient fait cause commune avec les collectivistes, et ils siégèrent avec eux au Congrès de l'Union lyrique. Une telle collaboration explique les résolutions du Havre qui, sans cette circonstance, seraient en partie incompréhensibles. Sans doute, sur les deux questions principales qui lui étaient soumises, le Congrès confirma, au nom de l'ensemble du parti ouvrier, les décisions déjà votées par l'Union fédérative du Centre. Sur la 1re question : *de la propriété*, il maintint la rédaction, si fermement marxiste, du Congrès régional de Paris; sur la 5e question : *Représentation du prolétariat aux corps élus*, il s'appropria le programme minimum rédigé par Marx, Engels et Guesde. Mais à ces deux textes, il ajouta des considérants, ou des phrases incidentes, d'un caractère très nettement anarchiste.

Voici les principaux passages de la résolution sur la propriété :

« Considérant qu'il n'y a d'émancipation possible pour les travailleurs que dans la possession de l'instrument de travail et de la matière première ;

» Considérant que cette possession des moyens de production ne saurait être individuelle pour deux raisons :

» 1° Parce qu'elle est incompatible avec les progrès et l'état actuel de la technique industrielle et agricole (division du travail, machinisme, vapeur, etc.) ;

» 2° Parce que, ne fût-elle pas anti-économique, elle ne tarderait pas à donner lieu à toutes les inégalités sociales d'aujourd'hui ;

» Considérant que cette possession ne saurait être davantage corporative ou communale, sans entraîner tous les inconvénients de la propriété capitaliste d'aujourd'hui, c'est-à-dire l'inégalité des moyens d'action entre les travailleurs, le désordre dans la production, la concurrence homicide entre les groupes producteurs ;

» Considérant, d'autre part, que cette prise de possession ne peut être opérée que par la Révolution sociale ;...

» Le Congrès... déclare nécessaire l'appropriation collective, le plus vite possible et par tous les moyens, du sol, sous-sol, instruments de travail, *cette période étant considérée comme une phase transitoire vers le communisme libertaire.*

C'est également sur l'initiative des anarchistes que, tout en adoptant le programme minimum de Paris, le Congrès le fit précéder de la déclaration suivante « qui en était la négation même » :

« Le Congrès du Havre déclare tenter une dernière expérience aux élections municipales et législatives de 1881, et, au cas où elle n'aboutirait pas, ne retiendrait purement et simplement que l'action révolutionnaire.

» Le Congrès prend pour base aux élections de 1881 le programme minimum ci-dessous, mais invite toutes les circonscriptions, en mesure d'avoir un programme plus accentué, à agir dans ce sens ;

» Il est entendu que ce programme n'établit qu'une des formes du groupement, et que le but constant du prolétariat est d'activer la Révolution par tous les moyens possibles. »

Ceux qui votèrent cette déclaration, dit Benoît Malon avec beaucoup de justesse, auraient mieux fait de repousser le programme et de se déclarer purement et simplement anarchistes. Mais en fait, dans l'agitation du schisme, dans la confusion et le tumulte, il ne semble pas que la portée de cette addition ait été clairement perçue. Toujours est-il que le parti ouvrier éloigna bientôt cette végétation parasitaire ; les congrès ultérieurs ne tinrent aucun compte de

« ces étranges déclarations ». Sur tous les autres points, au contraire, le Congrès du Havre devait avoir des résultats graves et féconds, grâce à l'attitude des délégués de la salle Franklin, des syndicalistes modérés — dont l'organisation, après les deux sessions de Paris (1881) et de Bordeaux (1882), devait bientôt se dissoudre et s'éteindre dans l'indifférence. Le Parti ouvrier socialiste, rejetant les éléments étrangers ou hostiles, avait réalisé la condition essentielle à tout parti de classe : l'unité de composition, l'unité de tendance. En étendant à l'ensemble du prolétariat organisé les résolutions de l'Union fédérative du Centre, il assurait par surcroît l'unité de doctrine et de tactique. Dès ce jour, le Parti ouvrier socialiste aurait pu pleinement agir et vivre.

CINQUIÈME CONGRÈS OUVRIER SOCIALISTE

(Reims, 1881)

La session suivante devait se tenir à Reims. Elle s'ouvrit le 30 octobre 1881.

Mais à cette époque, dans le parti socialiste français, si jeune qu'il fût encore, étaient déjà nés de graves conflits intimes.

Le journal l'*Émancipation*, fondé à Lyon par Malon et Guesde, n'avait eu que 24 numéros, « la chute *inévitable*, dit Malon, ayant encore été hâtée par un administrateur incapable et peu consciencieux ». Cette chute, survenue vers le début de l'année 1881, détermina entre Malon et Jules Guesde d'assez vifs froissements.

Les élections générales de 1881 n'avaient nullement répondu aux espérances du parti ouvrier. Et, dans une certaine fraction du parti, on attribuait précisément cet échec au programme minimum, rédigé par Karl Marx et Jules Guesde, voté successivement à Paris et au Havre. On lui reprochait d'être mal adapté aux campagnes électorales françaises : ce programme, rédigé dans un vocabulaire peu usuel, et qui s'écartait des formes traditionnelles de la propagande, déconcertait, disait-on, les ouvriers français. D'autre part sa violence révolutionnaire effrayait les socialistes modérés. Le mécontentement était plus vif dans les groupements parisiens, par la raison que le succès à Paris avait été plus sûrement escompté. Jules Joffrin, Paul Brousse dirigeaient les mécontents.

Certains amis de Guesde, notamment Émile Massard, avaient, en 1881, collaboré avec Malon au journal *Le Citoyen Français*; les uns et les autres avaient quitté successivement cette feuille « fondée par le sieur Boubeau, dit Secondigné, un aventurier du pire calibre »; et ces incidents avaient suscité d'acerbes polémiques, sur lesquelles nous reviendrons. Enfin, elles s'étaient mêlées à un conflit plus grave provoqué par la candidature posée par Jules Guesde à Roubaix pour les élections législatives. En se portant candidat, Jules Guesde avait, selon Malon et Brousse, manqué à un engagement collectif pris les uns vis à vis des autres par les principaux rédacteurs de l'*Emancipation*. Une polémique assez vive fut menée à ce sujet par *Le Prolétaire*, journal ouvrier, qui existait depuis plus de deux ans, et que Paul Brousse inspirait alors.

C'est dans ces conditions que s'ouvrit le Congrès de Reims. Les délégués y étaient relativement peu nombreux (44). Mais la plupart d'entre eux représentaient collectivement un grand nombre d'organisations ouvrières. Par exemple, le citoyen Bouty, de l'Union fédérative du Centre, était mandaté par 87 groupes et syndicats.

Le compte-rendu officiel, publié par le journal *Le Prolétaire* que le Congrès de Reims, malgré l'opposition de Jules Guesde, reconnut comme l'organe officiel du parti, affecte les allures sèches et raccourcies des comptes-rendus analytiques du Parlement. Il y eut deux sortes de séances; les unes furent publiques et d'apparat. Par exemple, le 31 octobre au soir, on entendit un rapport du citoyen Joffrin sur le Congrès international de Coué, des conférences du citoyen Clément sur la grève de Villefranche, et du citoyen Piéron sur l'émancipation des travailleurs. « Les orateurs sont vivement applaudis, la séance est levée aux cris de *Vive la Révolution sociale.* » Dans les séances privées, se fit tout le travail effectif.

Dès la première séance, on vit les amis de Guesde et de Brousse préciser leurs positions respectives. Les quatre délégués de la fédération de l'Est, Brousse, Gillier, Labusquière, Malon, demandèrent au Congrès : d'une part la création d'un organe central, chargé de la direction du parti, et qui en l'état ne pouvait qu'assurer leur direction propre sur le parti; d'autre part l'abandon du programme minimum adopté au Havre.

Ils déposèrent donc la proposition suivante :

1° Modification à apporter dans l'organisation du parti par l'établissement du comité national.

2° Organisation complémentaire du parti ouvrier sans sortir des principes généraux votés au Congrès de Marseille et sans qu'aucune atteinte puisse être apportée à l'autonomie des fédérations.

3° Elargissement du programme et liberté laissée à toute fédération d'établir son exposé pratique.

La majorité des délégués était acquise aux

idées de Malon et de Paul Brousse. En conséquence, par 30 voix contre 9, le Congrès de Reims décida la création d'un comité national, servant de lien entre les régions *fédérales* ouvrières, organe central, — non plus mobile et précaire comme le « Comité général exécutif » établi par le Congrès de Marseille, mais stable, fixe et permanent. Il devait siéger à Paris. Son rôle était d'assurer l'exécution des décisions des congrès, d'expédier la correspondance intérieure et internationale, d'établir « la statistique générale du parti ». Il devait être composé de 30 membres, soit 5 par fédération.

Jules Guesde et ses partisans ne s'opposèrent nullement à la création d'un comité national. Ils désiraient pour le parti, en même temps qu'un programme unique, *un organe* exécutif unique. Mais, vaincus d'avance au Congrès de Reims, ils cherchèrent du moins à se réserver une revanche possible. Ils demandèrent donc :

1° Que le comité national fût constitué sur la base des fédérations *constituées*. (Sur six fédérations existant nominalement, trois seulement, celles du Nord, de l'Est et du Centre avaient reçu une organisation sérieuse).

2° Que les membres du Conseil national ne pussent prendre part, comme délégués, aux Congrès qui devraient contrôler leur gestion.

3° Qu'à l'avenir « les fédérations régionales *composant* le parti ouvrier eussent seules qualité pour se faire représenter aux Congrès nationaux. »

Ces trois propositions furent repoussées.

En ce qui concerne le programme, le débat fut vif dans la commission nommée à cet effet, et dont faisaient partie notamment Brousse, Joffrin et Guesde. Il faut, disaient Guesde et ses partisans, maintenir — sauf à les modifier dans le détail — les bases de ce programme minimum qui a déjà rendu tant de services. Il y aurait grand danger à l'abandonner. Il y aurait danger « à laisser libre chaque groupement d'élever programme contre programme, ce qui constituerait l'anarchie dans le parti ». Brousse et Joffrin répondaient : « Les élections ont fourni de nombreuses preuves du fâcheux effet produit par ce programme fourmillant de contradictions formelles avec les tendances du parti. De là, nombreuses défiances, éloignement des militants les plus ardents..., désir unanimement manifesté d'une constitution plus large, ouvrant les portes à toutes les aspirations, et susceptible de rallier même les indifférents. » Il valait mieux laisser à chaque groupe toute latitude « de rédiger son programme électoral suivant les milieux, les mœurs, le tempérament de chacun d'eux ». Ainsi, loin de s'émietter « le parti reconquerrait très promptement sa véritable force dans l'Union ».

Il se serait trouvé à Reims une majorité pour voter l'abandon définitif du programme minimum, le fait ne peut être mis en doute. Néanmoins Brousse et Malon ne voulurent point aller jusqu'à cette solution extrême. Le Congrès se rallia à une mesure intermédiaire. Il vota successivement deux résolutions quelque peu contradictoires dans leur *esprit* et presque dans leurs termes. En premier lieu, tout en décidant de renvoyer aux fédérations l'étude de nouveaux programmes général et locaux, il décida que « *jusqu'à l'acceptation d'un nouveau programme, celui existant resterait en vigueur* ». Mais aussitôt après ce vote, il adopta la proposition des citoyens Clément, Piéron, Joffrin, ainsi conçue :

« Considérant que le programme minimum ne répond qu'imparfaitement aux aspirations des travailleurs ;

» Qu'il a éloigné du parti ouvrier, et surtout du candidat ouvrier, plus d'électeurs qu'il n'en a ralliés ;

» Que les travailleurs d'un département ou d'un arrondissement ont des aspirations différentes :

Le Congrès demande aux fédérations de décider *que le Comité ouvrier socialiste d'une circonscription ait le droit de rédiger son programme électoral.* »

Aux dissensions personnelles s'ajoutaient donc des oppositions doctrinales. Jules Guesde devenait, contre le fédéralisme théorique et pratique de Malon et de Brousse, le représentant de la centralisation et de l'unité. Au collectivisme orthodoxe de l'un allait s'opposer le socialisme plus mobile et moins défini des autres ; au recours révolutionnaire l'évolution réformiste. A ces causes de franche division, les dernières résolutions du Congrès, par leur contradiction équivoque, allaient mêler les plus acerbes, les plus tristes récriminations.

Jules Guesde et Dormoy (de Montluçon) avaient proposé que le prochain Congrès se tint à Bourges. La majorité décida qu'il se tiendrait à Saint-Étienne (région de l'Est).

SIXIÈME CONGRÈS OUVRIER SOCIALISTE

(Saint-Étienne, 1882).

CONGRÈS DU PARTI OUVRIER

(Roanne)

Au mois de décembre 1881, Jules Guesde fit reparaître l'*Égalité*. Dès le premier numéro il marquait fortement les causes du différend qui l'avait séparé, à Reims, de Benoît Malon et de Paul Brousse. Fédéralisme et centralisation, selon Guesde, ce même débat sépara jadis la Gironde et la Montagne. Les uns voulurent la République éparpillée et les autres la République indivisible. Mais la bourgeoisie militante de ce temps-là « dans sa pleine virilité... fit rimer sous le couperet de la guillotine *fédéralisme* avec *royalisme*, et envoya les têtes de Brissot, Vergniaud et autres Girondins rejoindre dans le panier centralisateur de Samson la tête de Capet ». C'est, disait-il, la centralisation gouvernementale bourgeoise, née fatalement de la concentration économique, qui impose la concentration ouvrière. Et l'*Égalité* déclarait qu'elle s'attacherait à démolir « cette dernière forme du bourgeoisisme... ces idées ennemies qui, sous leur ancien nom de fédéralisme, sous leurs noms nouveaux de communalisme et d'autonomie, hantent encore un certain nombre de cerveaux ouvriers ».

En ce qui concerne le programme, l'*Égalité*

commentait avec quelque vivacité les résolutions de Reims, et Jules Guesde ajoutait :

« Convaincue qu'une guerre de classe, un programme de classe — et par conséquent unique — est absolument indispensable, l'*Égalité* reprendra pour son compte — puisqu'elle le peut sans manquer à la discipline — la campagne soutenue à Reims par la minorité.

» Et elle veillera à ce que, jusqu'à ce que le Parti ait décidé, le programme du Havre, « resté en vigueur » de par le Congrès de Reims, ne soit pas sacrifié aux calculs intéressés des candidats. »

La candidature Joffrin. — Or, le 18 décembre 1881, eut lieu, dans le XVIIIe arrondissement de Paris, une élection législative. M. Lafont, candidat radical, fut élu par 6 862 voix ; le citoyen Jules Joffrin avait réuni 2 744 suffrages. Une polémique extrêmement vive s'engagea aussitôt entre le citoyen Joffrin et l'*Égalité*, qui avait d'ailleurs refusé de prendre part à la lutte électorale. Et c'est sur la question du programme que portait encore une fois le différend.

Tout d'abord, Joffrin avait remplacé les considérants marxistes du programme du Havre par la déclaration précédant les statuts généraux de l'Internationale, laquelle, disait Guesde, « n'exclut pas la propriété individuelle ».

En effet, sur la question de la propriété, le programme du Havre s'exprimait de la manière suivante :

« Considérant que les producteurs ne sauraient être libres qu'autant qu'ils seront en possession des moyens de production ;

» Qu'il n'y a que deux formes sous lesquelles ces moyens de production peuvent leur appartenir :

» 1° La forme individuelle qui n'a jamais existé à l'état de fait général et qui est éliminée de plus en plus par le progrès industriel ;

» 2° La forme collective dont les éléments matériels et intellectuels sont constitués par le développement même de la société capitaliste..;

» Les travailleurs français... donnent pour but à leurs efforts, dans l'ordre économique, le retour à la collectivité de tous les moyens de production. »

A cette déclaration si nette se trouvait substitué, dans l'affiche Joffrin, un considérant aux termes duquel « l'émancipation non pas seulement de la classe salariée, mais de tous les êtres humains sans distinction... ne serait complète que lorsque, les moyens de production mis par la société à la disposition de tous, chacun, donnant selon ses forces, recevrait suivant ses besoins. »

D'autre part, tout en ajoutant au programme du Havre un certain nombre de réformes (revision de la Constitution, suppression du Sénat et de la présidence de la République, etc.), Joffrin en avait retranché les articles relatifs à la fixation d'un minimum de salaires et à la suppression de l'héritage en ligne directe au dessous de 20 000 francs.

Une lettre de Joffrin à Guesde, des articles

violents dans *le Prolétaire* d'une part, dans l'*Égalité* et *le Citoyen* de l'autre, envenimèrent bientôt la querelle. Il fallait, disait Guesde, cesser de remettre en question, « sous couleur de *possibilisme*[1] », le terrain gagné depuis trois ans, faire respecter les résolutions de Marseille, le programme du Havre. Il fallait, disaient Brousse et Joffrin, respecter la constitution du parti, son autonomie fédérale ; il fallait surtout imposer silence aux autoritaires et aux dictateurs.

Cependant l'Union fédérative du Centre, juge naturel du conflit, s'était réunie. Dans une première séance elle vota un ordre du jour portant « que, depuis son apparition, le journal l'*Égalité*, aidé en cela par *le Citoyen*, avait constamment attaqué les institutions et les candidats du parti ». Puis elle convoqua, « pour aviser, » deux assemblées générales qui se tinrent les 17 et 24 janvier. Elle prononça finalement l'exclusion de l'*Égalité*, de sa rédaction et des groupes qui s'étaient solidarisés avec elle.

Entre temps, le comité national, saisi par Guesde du programme Joffrin, avait, par 18 voix sur 21, déclaré que les groupes de Montmartre, en adoptant un programme « plus accentué que le programme dit minimum », s'étaient conformés aux décisions du Congrès de Reims (8 janvier).

1. Ce mot, devenu historique, dérivait d'une formule que l'on trouvera dans un article du *Prolétaire* (19 novembre 1881). Il faut, y lisait-on, « fractionner notre but *jusqu'à le rendre enfin possible* ».

Aussitôt les cinq délégués de la fédération du Nord au comité national, Bazin, Deville, Gardrat, Guesde et Josselin, adressaient au comité leur démission, et annonçaient leur intention d'organiser, en dehors du parti ouvrier dont ils venaient de se séparer, un *nouveau* parti socialiste. Ils cherchèrent, notamment pendant les mois de février et mars, à reconstituer autour d'eux une nouvelle *Fédération du Centre*. Enfin, malgré la décision de l'Union fédérative, ils maintinrent au journal l'*Égalité* son sous-titre : organe du parti ouvrier.

Au mois de mai se tint à Paris un Congrès régional du Centre. Les groupes adhérents à l'*Égalité* en furent exclus... La polémique entre le journal de Guesde et celui de Brousse continua jusqu'en septembre, aussi violente, aussi personnelle.

La scission définitive. — Le Congrès national s'ouvrit à Saint-Etienne le 25 septembre. Il s'agissait de savoir s'il ramènerait dans le parti l'unité et la concorde, ou bien s'il consacrerait la scission.

Un premier conflit s'éleva sur la vérification des pouvoirs. Le citoyen Fréjac, guesdiste, proposa qu'elle fût confiée à une commission tirée au sort. Le Congrès décida que la commission serait composée de deux délégués par région fédérale.

Les citoyens Deynaud et Rouvier demandèrent alors l'invalidation des délégués dissidents qui avaient porté sur leurs mandats le titre :

Fédération du Centre. Cette motion fut réservée tandis qu'on rejetait celle de Dereure, tendant à retirer le droit de vote aux membres du comité national, qui, dans le débat soumis au Congrès, se trouveraient juges et parties. On rejeta de même la proposition Lalauze, qui tendait à l'invalidation des délégués défrayés par des fonds de subvention municipaux.

Enfin, dans la séance de nuit du 25 septembre, s'ouvrit le débat sur « les questions de discipline dans le parti ». Rouanet, dans un discours modéré, prêcha la conciliation, et engagea les groupes dissidents à rentrer dans les rangs du parti socialiste. Guesde et Farjat formulèrent alors deux propositions : ils demandèrent que, dans le conflit ouvert entre le comité national et l'union fédérative d'une part, la nouvelle fédération du Centre de l'autre, aucun des délégués de ces trois organes n'eût droit au vote, et que le jugement fût réservé aux groupes de province n'appartenant pas aux fédérations « qui s'accusent mutuellement d'indiscipline »; ils demandèrent aussi « que le même laps de temps fût laissé aux citoyens qui défendraient la fédération du Centre qu'à ceux qui l'attaqueraient, et que deux orateurs ne parlassent pas dans le même sens ». Sur l'intervention de Labusquière et de Paulard, ces deux propositions furent repoussées. Et la majorité décida qu'il serait procédé séance tenante à la lecture du rapport rédigé sur la question de discipline par le comité national.

Alors, dit le compte-rendu officiel, « les membres des groupes dissidents se lèvent en protestant et contestent la validité du vote.

» Le président rétablit l'ordre et consulte l'assemblée une seconde fois, bien que le résultat du premier vote n'ait pas été douteux.

» A ce moment, les délégués des groupes dissidents, voyant que la majorité ratifiait son vote, et que l'on allait procéder à la lecture du rapport, quittent bruyamment la salle.

» Leur départ est salué par des applaudissements, et par les cris de : Vive le parti ouvrier! Vive la Révolution sociale !

» Plusieurs délégués essaient vainement de les retenir. ».

82 délégués déclarèrent rester aux séances ; 6 firent des réserves, et déclarèrent attendre la décision de leurs mandants ; 23 quittèrent la salle. Ils décidèrent de se réunir à Roanne, et firent afficher, avant de quitter Saint-Étienne, un manifeste dont voici les parties essentielles :

« Décidés à faire au Parti tous les sacrifices de personnes, nous nous étions présentés au Congrès de Saint-Étienne avec la ferme volonté de lui soumettre loyalement le différend intervenu depuis plusieurs mois entre deux fractions du prolétariat militant.

» Nous ne demandions qu'une chose à ce jury national, c'était que, comme tout jury, il fût limité dans son verdict aux délégués des groupes non intéressés, et que l'égalité des moyens de défense et d'attaque fût assurée aux deux parties.

» Cette garantie indispensable nous ayant été

refusée, nous n'avons pu nous prêter à ce qui ne devait plus être qu'une comédie de jugement.

» Et, comme nos devanciers du Havre qui n'ont pas hésité à briser avec les *barberétistes* pour sauver les décisions essentielles de notre grand Congrès de Marseille, nous avons brisé avec les *possibilistes* du Congrès du cirque pour sauver le programme d'expropriation donné au Parti ouvrier par les Congrès de Marseille et du Havre... »

La question de discipline. — Sitôt après le départ des délégués guesdistes, il fut donné lecture du rapport du comité national.

« Il y a, disait le comité, deux disciplines bien distinctes : la discipline autoritaire et la discipline démocratique; l'une limitée à l'observation des clauses d'un contrat librement consenti, l'autre définie par les caprices d'un homme ou d'un groupe directeur. » Et le comité accusait Jules Guesde, n'ayant pu imposer à son profit la discipline autoritaire, d'avoir manqué à la discipline démocratique.

Le comité cherchait à dégager la rédaction du *Prolétaire* de toute responsabilité dans la querelle. Il affirmait ensuite que les divisions dans le parti ne résultaient nullement de l'élection de Montmartre. La cause première était la campagne menée par Massard dans *le Citoyen*, au sujet de la candidature Guesde à Roubaix, et des critiques qu'elle avait soulevées dans le parti. Benoît Malon avait dû se retirer du journal *le Citoyen*, et une polémique entre Massard et Fournière, rédacteur au *Prolétaire*, s'était terminée par des injures et des voies de fait. Massard, qui avait frappé Fournière, avait alors été exclu du *Prolétaire*. Tous ces incidents remontaient au mois d'août et de septembre 1881. C'est à ces faits que le rapport rattachait les plaintes déposées à l'Union fédérative contre l'*Égalité*, les convocations aux séances des 17 et 24 janvier 1882, et, finalement, devant sa « rébellion », l'exclusion de l'*Égalité*.

Le rapport passait ensuite à la candidature Joffrin. Il rappelait que le Congrès du Havre, en adoptant le programme minimum, l'avait fait précéder d'un préambule « invitant toutes les circonscriptions en mesure d'avoir un programme plus accentué à agir dans ce sens ». Or, tel était le cas du programme Joffrin, ainsi que l'avait reconnu le comité national. Cette polémique n'était donc pas sincère. D'ailleurs, à Roubaix et à Châtellerault, les citoyens Guesde et Massard avaient soutenu ou présenté des programmes qui, ceux-là, étaient incontestablement *minimés*. En tout cas, rien ne pouvait justifier cette campagne de presse que la prétention des hommes de l'*Égalité* à régenter tyranniquement le parti.

Le comité reprochait enfin aux guesdistes d'avoir cherché, en organisant leur fédération du Centre, à créer une confusion avec l'*Union Fédérative*, d'avoir méconnu les décisions du Congrès de Reims, d'avoir travesti les opinions de Brousse et le rôle de Malon dans la rédaction du programme minimum. Rappelant enfin « que l'union fédérative, le comité national, les groupes de Montmartre avaient été constamment provoqués, » le rapport demandait au Congrès « de dire si le parti ouvrier veut des papes ou des infaillibles usant à leur gré, dans son sein, du droit de censure et d'excommunication ».

Brousse prit la parole et compara les divisions du parti aux anciennes divisions de l'Internationale. Alors qu'à Paris, à Lyon, à Marseille, tous les Congrès avaient admis le fédéralisme et l'autonomie, Guesde, de concert avec Marx, avait voulu introduire dans le parti la centralisation et la dictature. Brousse insista pour dégager Malon de toute responsabilité dans le programme du Havre, lequel avait été rédigé par Marx et imposé par Guesde. Il affirma à son tour que les groupes de Montmartre avaient *maximé* le programme *minimum*. Guesde au contraire, dans une campagne sur la question des loyers, avait violé une résolution formelle du Havre. « Je ne vois, dit-il en concluant, que deux solutions : la conciliation, la séparation. La conciliation est impossible. On ne concilie pas l'eau avec le feu. L'entente, la fédération peuvent être entre groupes autonomes décidés à respecter leur mutuelle indépendance. Elles se dissolvent par l'introduction d'un groupe autoritaire et dominateur. »

Allemane et Paulard appuyèrent Brousse. Paulard insista sur ce fait que Guesde et ses amis étaient « des bourgeois ». — « Si nous acceptons, dit-il, des transfuges de la bourgeoisie, c'est parce que nous avons la conviction que les révolutionnaires, qui ne sont pas de notre classe, nous apportent sincèrement, loyalement, le concours de leur instruction, de leur capacité, de leurs moyens pécuniers, s'ils en ont. Mais si les transfuges devaient venir à nous pour nous exploiter et nous dominer, je réclamerais leur exclusion du Parti ouvrier ».

Finalement, malgré la déclaration de sept délégués protestant contre la partialité et l'intolérance de la majorité, protestant contre toute exclusion par le motif « qu'un Congrès, même national, n'a le droit d'exclure des citoyens du parti des travailleurs que pour cause d'indignité, » le Congrès vota par 66 voix la résolution suivante :

« Considérant :

» Que les membres du groupe du journal l'*Égalité* se sont tenus en état permanent de révolte contre les décisions du parti ;

» Qu'ils ont violé les décisions du Congrès de Marseille en traitant en ennemies les idées fédéralistes données par ce Congrès comme base d'organisation au parti...

» Qu'ils ont violé les décisions du Congrès du Havre : 1° en tronquant la décision du Congrès concernant le programme *minimum*; 2° en cherchant à empêcher l'application... de la douzième résolution du même Congrès ;

» Qu'ils ont refusé de reconnaître le Congrès de Reims... ;

» Considérant :

» Qu'au profit de la même domination *mar-*

xiste qui désorganisa l'Internationale, ils ont essayé d'imposer au public le programme particulier, le mode d'organisation et d'action d'une coterie;

» Que pour atteindre ce but ils n'ont pas hésité à calomnier les groupes et les membres disciplinés du parti...;

» Que leur présence... est de nature à mettre en péril l'existence et le développement normal du parti...;

» Décide :

» 1° Les membres du groupe et du journal l'*Egalité* ne font plus parti du parti ouvrier socialiste révolutionnaire français.

» 2° Les groupes qui se sont fait ou se feraient leurs dupes, volontairement ou non, se placeront eux-mêmes en dehors du parti... »

Sur quoi la séance fut levée, à une heure quarante du matin, aux cris de : Vive la République sociale!

Cependant, le Congrès de Roanne votait une longue résolution où il était rappelé :

Que le comité national avait violé son mandat en autorisant les groupes de Montmartre à déchirer le programme du Havre ;

Qu'en dénonçant « l'embourgeoisement du programme par les possibilistes, » l'*Egalité* avait rempli son devoir ;

Que, dans ces conditions, en excluant l'*Égalité*, l'Union fédérative s'était rendue complice de la trahison du comité national, qu'elle avait d'ailleurs violé par là son propre règlement, et avait ainsi créé la contre-fédération dont elle se plaignait.

Retournant ensuite contre *Le Prolétaire* les accusations dirigées à Saint-Étienne contre l'*Egalité*, le Congrès flétrissait les « manœuvres, fraudes, dénis de justice et violences » de la majorité possibiliste, et décidait :

« De déclarer déchu de son mandat, comme traitre au parti qu'il a déchiré et tenté d'embourgeoiser, le Comité dit national sorti des manipulations possibilistes.

» De ne plus considérer comme fraction du parti, jusqu'à ce qu'ils aient brisé avec les meneurs qui les émasculent, l'Union fédérative du Centre et les groupes qui se feraient ses dupes ou ses complices »...

Résolutions de Saint-Étienne. — Le premier acte du Congrès fut d'abandonner définitivement le programme du Havre. Les possibilistes renoncèrent même à rédiger un programme unique.

Sur la proposition de Chabert, on décida que « chaque circonscription électorale du parti conservait la liberté de rédiger son programme local ».

En revanche, les considérants furent uniques. Et ce fut aux considérants de l'Internationale — et de l'affiche Joffrin — que la majorité se rallia. On n'y introduisit guère qu'une modification importante. « L'émancipation..., y lisait-on, ne sera en bonne voie de réalisation que lorsque, *par la socialisation des moyens de produire*, on s'acheminera vers une société communiste dans laquelle « chacun, donnant selon ses forces, recevra suivant ses besoins ». En outre, il était affirmé que cette émancipation ne pourrait résulter que de l'action révolutionnaire.

Un nouveau règlement du parti fut élaboré. Il prenait le nom de Parti ouvrier socialiste *révolutionnaire*. La représentation des groupes aux Congrès fut modifiée (un délégué de quinze à deux cent cinquante membres, deux délégués par nouvelle fraction de deux cent cinquante membres ; vote par mandats.) Le rôle du comité national fut défini. Ses membres, élus pour deux ans, ne seraient plus rééligibles. Le Congrès national devait se réunir tous les ans ; la prochaine session fut fixée à Paris en septembre 1883.

Par une résolution distincte, il fut décidé que le parti soutiendrait, dans la mesure de ses forces, la tenue de congrès corporatifs.

Les fédérations régionales furent délimitées géographiquement. Elles restaient, bien entendu, autonomes.

Résolutions de Roanne. — Le Congrès de Roanne organisa le nouveau parti, qui prit le titre de *Parti ouvrier*.

A la base une organisation locale : groupes et conseils locaux ; puis, pour chaque fédération, un congrès et un conseil régional ; puis un congrès et un conseil national.

Le conseil national, qui comptait cinq membres, n'émanait pas des fédérations ; il était nommé chaque année par les groupes d'une ville désignée par le Congrès, et siégeait dans cette ville.

Les conseils locaux ou régionaux n'étaient pas des intermédiaires nécessaires et légaux entre les groupes et l'organe central. Les groupes conservaient la faculté de communiquer entre eux et avec le conseil national. La centralisation se mêlait ainsi à l'autonomie. Mais c'était l'autonomie des groupes, et non plus celle des fédérations.

Le Parti ouvrier eut un programme électoral unique, qui fut celui du Havre, légèrement amendé. Par une résolution analogue à celle de Saint-Etienne, on décida d'organiser des congrès corporatifs. Enfin le Congrès vota une résolution où le Parti, tout en rappelant « que l'unique objectif politique était la conquête de l'Etat, c'est-à-dire du pouvoir central », décidait de prendre part aux élections municipales, mais conseillait aux travailleurs de se garder « de demander aux municipalités par eux conquises des réformes qu'elles ne sauraient donner ».

*
* *

C'était donc, non pas seulement la scission, mais l'exclusion mutuelle. Le Congrès de Saint-Etienne, au lieu d'assurer la concorde, avait consacré le schisme.

De nombreux délégués, pourtant, étaient venus à Saint-Etienne dans un esprit de conciliation. « La province, disait l'un d'eux, ne s'intéresse pas à ces divisions. » Un très grand nombre de syndicats avaient donné à leurs représentants des mandats très larges, afin de pouvoir trancher amiablement la question de discipline. Les désacords théoriques n'avaient rien d'insoluble. Bien peu d'efforts réciproques, la bonne volonté, quelques concessions mutuelles eussent suffi. Mais la séparation se fit néanmoins, parce qu'elle était prête, parce qu'elle était désirée. De part et d'autre on voulait rompre, et, par-dessus tous les désaccords théoriques, ce fut la grande raison pour quoi l'on rompit.

Il est manifeste que la majorité broussiste de Saint-Etienne était résolue d'avance, et quoi qu'il arrivât, à exclure Guesde et ses amis. Mais, d'autre part, Guesde et ses amis, dès le mois de janvier 1882, prévoyaient et souhaitaient « la coupure ». Et l'*Egalité* accueillait la résolution de Saint-Etienne par un article intitulé : « Bravo ! » où Gabriel Deville affirmait que la division était une garantie de développement sain, de même que l'amputation d'un membre gangrené sauve le corps malade.

Mais Brousse et Malon, tout en excluant les guesdistes du parti organisé, comprenaient que le nouveau groupement aurait, lui aussi, sa chance de développement et de succès. « Il ne dépendra que d'eux, avait dit Brousse, que toute polémique cesse et qu'un développement parallèle ait lieu entre le groupement marxiste et le parti ouvrier. S'ils ont raison, ils grandiront et deviendront le parti ; s'ils ont tort; ils s'étioleront. » Et encore : « Si les marxistes ont raison, les travailleurs iront à eux. Les marxistes, *deviendront* le Parti ouvrier. »

Ainsi possibilistes et guesdistes, au plus fort de la lutte, gardaient pourtant conscience qu'ils poursuivaient, les uns et les autres, le même but; que leur action séparée pourrait rester parallèle. Et ainsi, dans ces heures de querelle aigre ou violente, les causes de l'unité future semblaient leur apparaître clairement.

« Les éléments incompatibles se sont séparés, écrivait à ce sujet Frédéric Engels (20 octobre 1882). Et cela est bon...

» Il semble que chaque parti ouvrier d'un grand pays ne puisse se développer que par une lutte intérieure... Le parti allemand est devenu ce qu'il est dans les luttes des gens d'Eisenach et des Lassalliens, où les rixes mêmes jouaient un rôle important. L'union ne fut possible que lorsque les A. B. et Cie se furent épuisés. En France, les C. D. et Cie doivent aussi s'user, avant que l'union soit de nouveau possible. »

ANNÉES 1883-85

Ces années marquèrent le temps d'apogée de la République opportuniste. Les partis républicains d'extrême-gauche absorbaient la plus grosse part des forces démocratiques. D'autre part, la division des partis socialistes ne faisait encore sentir que ses malheureux effets. Il suit de là que les années 1883-85 ne furent point une période d'activité socialiste.

7e CONGRÈS NATIONAL, FÉDÉRATION DES TRAVAILLEURS SOCIALISTES, PARIS, 1883. — Le Congrès national annuel du Parti possibiliste se tint à Paris du 30 septembre au 7 octobre 1883. Ce fut une réunion tranquille et administrative. Le Congrès vota un blâme énergique à Rouanet et à Fournière pour avoir manqué, dans la campagne législative de Narbonne, à la discipline du parti. Il repoussa le projet d'une manifestation au Père-Lachaise avec le drapeau rouge, et déclara « qu'il n'y avait pas lieu d'organiser par des mesures publiques les forces révolutionnaires du parti ».

Par une heureuse innovation, il prescrivit à tous les membres du parti de se faire inscrire à leurs chambres syndicales ou groupes corporatifs respectifs.

Des « propositions de conciliation » furent discutées. Mais le Congrès maintint la décision de Saint-Étienne, et se borna, d'une part, à conseiller aux groupes dissidents « de reprendre leur place dans le Parti qu'ils doivent mettre au-dessus des questions de personnes » ; d'autre part, à inviter « tous les groupes, à quelque école ou à quelque parti qu'ils appartiennent, à observer entre eux une neutralité absolue, et à diriger toutes leurs luttes contre tous les partis bourgeois sans distinction de nuance ».

Les résolutions les plus importantes du Congrès furent prises sur les questions d'organisation du Parti.

1° Le Comité national, formé de 20 membres, fut désormais élu au scrutin de liste par les fédérations (bien que la plupart d'entre elles n'eussent encore qu'une existence fort chétive ou presque nominale).

2° Un article du règlement (l'art. 21) qui interdisait aux élus du Parti l'accès du Conseil national fut rapporté.

Ces deux mesures sont à retenir, en ce sens qu'elles devaient prendre une sérieuse importance dans l'histoire du Parti possibiliste.

3° Le titre du Parti ouvrier socialiste révolutionnaire fut modifié — probablement pour éviter la confusion avec le titre du nouveau groupement marxiste (Parti ouvrier). — Tout en laissant aux fédérations régionales la faculté de conserver comme sous-titre le titre ancien, le Congrès donna à l'ensemble du Parti le nom de « Fédération des Travailleurs socialistes ».

7° CONGRÈS DU PARTI OUVRIER, ROUBAIX, 1884. — A Roubaix, du samedi 29 mars au lundi 7 avril 1884, le Parti ouvrier tint son premier Congrès depuis le schisme de Roanne.

On peut voir, par le titre même du Congrès de Roubaix, que les guesdistes n'entendirent point inaugurer une série nouvelle et distincte dans l'histoire des assemblées ouvrières. Ils se constituèrent en héritiers directs de la tradition. Ils ne voulurent pas renoncer au bénéfice des Congrès de Marseille et du Havre, dont ils avaient été en effet les véritables organisateurs. Se tenant pour les représentants légitimes du Parti ouvrier, ils continuèrent son histoire.

Le Congrès de Roubaix réunit seulement 26 délégués français représentant environ 60 groupes, cercles et chambres syndicales. Il tint dix séances privées et sept séances publiques, organisa sept meetings à Roubaix, Tourcoing, Lille, Gand et Paris. Il s'était ouvert « par une quadruple adresse de sympathie aux partis socialistes révolutionnaires de tous les pays, à la citoyenne Louise Michel et aux autres détenus de la République bourgeoise, aux grévistes d'Anzin, et au citoyen Henri Carrette, secrétaire de la fédération du Nord ». A côté des délégués français, on y vit deux représentants de la Democratic Federation d'Angleterre et d'Écosse : Ernest Belfort-Bax et Quelch.

Dès le début, s'affirmait le souci du Parti ouvrier d'établir avec le mouvement socialiste international des relations fortes et régulières. Les adresses des socialistes étrangers, les réponses du Congrès occupent près de la moitié du protocole. Tous les partis socialistes d'Europe avaient été invités, comme la Democratic Federation, à se faire représenter à Roubaix. Les partis allemand, espagnol, belge, hollandais, envoyèrent, à défaut de délégués, des adresses fraternelles.

Le Congrès prit les résolutions suivantes :

Sur la première question (Inventaire des forces productives et statistique du travail), il renvoya à l'étude d'une commission spéciale 81 rapports émanant de différents centres ouvriers. Mais il constata que les faits et chiffres recueillis affirmaient la nécessité de la révolution économique, « la misère, l'insécurité et la servitude ouvrières croissant avec les applications de la science, les progrès du machinisme et l'augmentation de la richesse sociale ». D'autre part, la centralisation de la production éliminant progressivement la classe moyenne, et accumulant dans le prolétariat toutes les activités productives, la possibilité de la Révolution était ainsi démontrée. Mais de ces rapports, selon le Congrès, résultait encore autre chose. Ils établissaient que dans le prolétariat français une forte minorité avait conscience du but à poursuivre et des moyens à employer. « Vienne une révolution, et la masse des salariés qui, n'ayant rien à perdre, est prête à jouer son va-tout, trouvera dans cette minorité croissante les capacités suffisantes pour faire aboutir le mouvement et prendre en main la direction des forces productives socialisées. »

Sur la deuxième question (Situation politique du Parti), le Congrès ratifia à l'unanimité le programme du Havre et de Roanne. Aucun groupe ne pourrait entreprendre d'action électorale « sans arborer dans son intégralité le programme du Parti ». Le Congrès de Roubaix, comme déjà celui de Roanne, laisssait toute latitude aux groupes d'ajouter tous articles additionnels qu'ils jugeraient utiles. Màis ces articles ne pouvaient, en aucun cas, être en contradiction avec le programme unique, et ils devaient, sauf impossibilité matérielle, être soumis au Conseil national.

Sur la troisième question (Organisation du parti), le Congrès confirma la résolution, déjà votée à Roanne, d'encourager par tous les moyens les organisations de métier. Mais il décida en outre « qu'il y avait lieu de provoquer au plus tôt la formation d'Unions nationales de métiers, arrachant à leur impuissance fatale les syndicats isolés ». Cette résolution reçut un commencement d'exécution immédiat. Les délégués de Roanne, Roubaix, Reims, Lyon et Troyes constituaient aussitôt une fédération nationale de l'industrie textile ; les délégués de Montluçon et d'Anzin, une union nationale des verriers.

Sur la cinquième question (le Parti ouvrier avant, pendant et après la révolution), le Congrès vota une résolution que nous voudrions pouvoir intégralement reproduire, l'un des textes assurément les plus remarquables que l'on puisse rencontrer dans l'histoire des congrès socialistes. Il résumait, avec une précision singulière, la doctrine et la tactique propres du Parti ouvrier.

La Révolution sociale, disait en substance ce document, en livrant le pouvoir au prolétariat, lui permettra d'opérer l'expropriation économique. « Cette révolution ne peut pas être décrétée ; elle ne sera pas un phénomène spontané ; elle ne dépend pas de la plus ou moins vive impatience des intéressés ; elle sera la conséquence fatale des mouvements généraux qu'élabore la société moderne. »

Quelle est dès lors la tâche du Parti ouvrier, « parti d'action consciente auquel sa théorie scientifique fournit une tactique raisonnée » ? Il n'a qu'une œuvre à accomplir avant la Révolution nécessaire, une œuvre d'instruction et de recrutement : « instruire la masse, recruter une armée capable de profiter de la situation révolutionnaire qui ne peut manquer de se produire, voilà sa besogne ». Il faut donc constituer dans le plus grand nombre d'endroits possible des groupes reliés entre eux par un système solide d'organisation.

Pour convaincre les exploités de la nécessité de la guerre de classe, tous les moyens d'agitation sont bons. Puisque le suffrage universel existe, il faut s'adapter à la situation qu'il a créée. D'où la candidature de classe qui transporte la guerre de classe dans le domaine politique. D'où la nécessité d'un programme unique. « En résumé, l'œuvre du parti révolutionnaire, c'est de s'organiser solidement, de s'agrandir, en poursuivant sur tous les terrains, notamment sur le terrain électoral, à l'aide de la candidature de classe et d'un programme unique, la lutte contre tous les partis politiques de la bourgeoisie.

» Le jour où la période révolutionnaire s'ouvrira, les groupes du Parti ouvrier devront agir chacun dans son milieu, rapidement et énergiquement. Le but immédiat, c'est la prise du pouvoir. » Pour organiser le pouvoir révolutionnaire, « il ne faudra pas recourir à l'expédient du suffrage universel. Les groupes du Parti ouvrier devront être seuls à agir, et ils devront agir dictatorialement. » (Il est bon de remarquer combien la théorie du Parti ouvrier, sur ce point, se rapprochait de la théorie blanquiste). Les pouvoirs locaux ainsi consacrés et le pouvoir central révolutionnaire prendront, chacun dans sa sphère, comme règle d'action, le programme unique du Parti, cette unité de programme devant éviter « la divergence d'idées et d'action ». Les pouvoirs révolutionnaires éviteront les violences inutiles ; ils ne s'abaisseront pas à des rancunes personnelles : « le capitaliste disparu en tant que capitaliste doit être, en tant qu'homme, traité comme les autres. » Ils laisseront son instrument de travail au petit producteur, car on ne fait œuvre durable « qu'à condition de s'adapter scrupuleusement, pour réaliser la socialisation des forces productives, aux divers degrés de développement de ses forces ».

Après la Révolution, il n'y a plus de place

pour le Parti ouvrier. « Parti de classe, il disparaît avec les classes, Parti de lutte, il disparaît avec l'objet même de la lutte. » Et, comme dit Engels, il en sera de même de l'Etat. Son premier acte, c'est-à-dire la prise de possession des moyens de production au nom de la société, sera en même temps son dernier acte comme Etat ; puis, « le gouvernement des personnes fait place à l'administration des choses. »

Sur la sixième question (Législation internationale du travail), le Congrès décida d'entreprendre une campagne commune avec les Partis socialistes des deux mondes. La législation internationale devait porter notamment : sur la réglementation du travail des enfants et des femmes ; sur le travail de nuit ; sur la journée de huit heures ; sur la fixation d'un minimum international de salaire.

Tels furent les travaux du Congrès de Roubaix. Il fixa pour un long espace de temps la doctrine et l'action du Parti ouvrier puisque, avant six ans, on ne devait plus revoir de Congrès national guesdiste. Cet intervalle fut consacré tout entier à un effort singulièrement efficace de propagande et d'organisation. Tandis que le parti possibiliste — lequel, en 1884, réunissait encore la plus grosse part des forces ouvrières socialistes — semblait limiter son action à Paris, ralentissait et affaiblissait sa propagande, se désagrégeait, puis se divisait enfin, le Parti ouvrier voyait croître chaque jour sa force. Il maintenait son union étroite avec les autres partis socialistes des Deux Mondes, il créait des groupes ; il tentait enfin de prendre la direction du mouvement corporatif et syndical.

8e CONGRÈS NATIONAL, FÉDÉRATION DES TRAVAILLEURS SOCIALISTES, RENNES, 1884. — Le Congrès annuel possibiliste se tint à Rennes, du 12 au 19 octobre 1884.

Il s'occupa longuement de la loi sur les syndicats professionnels qui venait d'être votée par le Parlement (21 mars 1884), la déclara œuvre de police et de réaction, et invita les groupes ouvriers à la résistance.

Il formula, sur la limitation de la journée de travail, puis sur les diverses mesures transitoires qui peuvent servir d'acheminement vers l'État socialiste, toute une série de revendications partielles qui rappellent l'ordre du jour des premiers Congrès de Paris et de Lyon. Il vota une longue résolution au sujet des ouvriers de l'Etat, « la production, dirigée par l'Etat bourgeois, devenant dans les chantiers, arsenaux et manufactures de cet Etat un instrument terrible d'oppression ».

Enfin, il rédigea, pour les élections aux conseils de prudhommes, un remarquable programme qui prévoyait le mandat impératif et la démission en blanc remise à un comité de vigilance.

CONGRÈS RÉGIONAL DE L'UNION FÉDÉRATIVE DU CENTRE, PARIS, 1885. — Le Congrès de Rennes avait décidé que le prochain Congrès national siégerait à Lille en 1885. Mais les ressorts du parti possibiliste se détendaient peu à peu. Il n'y eut pas, en 1885, de Congrès national. L'Union fédérative du Centre, en qui se concentrait de plus en plus toute la vie active du parti, tint à Paris, du 3 au 10 mai, son Congrès régional. Ce Congrès fit œuvre importante : il dirigea, en vue des élections générales qui devaient avoir lieu cette même année, un programme nouveau.

Le programme législatif, que précédaient, bien entendu, les considérants de Saint-Etienne, et qui, tout en insistant sur la « partie politique », conservait, dans sa « partie économique », la plupart des articles du Havre, se faisait remarquer par une tendance communaliste des plus prononcées. (C'est, par exemple, à la commune, et non plus à l'Etat, que devaient faire retour les héritages en ligne collatérale et, les héritages en ligne directe dépassant 20 000 francs.) Mais en outre, le Congrès de Paris ajouta au programme législatif un programme municipal infiniment plus précis et plus étudié, et il semble bien que les chefs du parti aient attaché à cette innovation une véritable importance doctrinale. Rendre la commune maîtresse de son administration, de son armée, maîtresse absolue de son budget, maîtresse de ses services publics, c'était assurément à leurs yeux, non seulement réformer, dans le sens des intérêts ouvriers, la société actuelle, mais préparer les bases politiques de la société future. Par là se trouva poussé à sa dernière limite le principe de la décentralisation, de l'autonomie fédérale: Par là se trouvait aggravé le désaccord théorique qui avait été l'origine, ou le prétexte, du schisme de Saint-Etienne entre les éléments fédéralistes et les éléments centralisateurs du parti.

PITHIVIERS. — IMPRIMERIE L. GAUTHIER